AF450336

# TONTINE D'ÉPARGNES.

## LISTE DU TIRAGE

DE

## RÉPARTITION DES RENTES VACANTES,

FAIT EN SÉANCE PUBLIQUE LES 28 ET 29 JUIN 1850,

Au siége de l'Administration, et en présence de M. Loysel, conseiller de Préfecture, délégué par arrêté de M. le Préfet de la Seine, du 14 juin 1850; et de M. Dumont, Directeur des Tontines.

Nota. Suivent : 1° le tableau du mouvement des actions pendant l'exercice 1849; 2° un état des Rentes dont le décès a été constaté dans le courant dudit exercice.

PARIS,

DE L'IMPRIMERIE DE CRAPELET,

RUE DE VAUGIRARD, 9.

—

## 1850.

# PREMIÈRE SOCIÉTÉ.

## CLASSE DES JEUNES.

---

### LISTE DES NUMÉROS SORTIS AU TIRAGE
#### des 28 et 29 Juin 1850.
#### (56ᵉ Tirage.)

| NUMÉROS. | NUMÉROS. | NUMÉROS. | NUMÉROS. | NUMÉROS. | NUMÉROS. |
|---|---|---|---|---|---|
| 31 | 2920 | 4711 | 6421 | 8127 | 9412 |
| 237 | 978 | 880 | 454 | 152 | 415 |
| 265 | 3021 | 981 | 483 | 153 | 483 |
| 266 | 164 | 987 | 488 | 202 | 514 |
| 458 | 198 | 5013 | 580 | 216 | 516 |
| 469 | 216 | 092 | 581 | 225 | 520 |
| 564 | 386 | 146 | 729 | 235 | 533 |
| 585 | 420 | 285 | 731 | 242 | 538 |
| 631 | 669 | 286 | 740 | 401 | 557 |
| 639 | 670 | 378 | 874 | 441 | 559 |
| 648 | 673 | 457 | 7010 | 577 | 562 |
| 753 | 719 | 460 | 011 | 615 | 574 |
| 1252 | 4021 | 643 | 079 | 755 | 579 |
| 256 | 078 | 650 | 081 | 973 | 586 |
| 433 | 148 | 654 | 082 | 9032 | 619 |
| 589 | 220 | 707 | 144 | 040 | 628 |
| 629 | 239 | 729 | 148 | 043 | 644 |
| 864 | 245 | 902 | 191 | 046 | 645 |
| 924 | 422 | 931 | 305 | 054 | 648 |
| 2018 | 446 | 994 | 313 | 056 | 652 |
| 052 | 585 | 6107 | 436 | 073 | 653 |
| 111 | 591 | 192 | 443 | 108 | 688 |
| 137 | 689 | 287 | 449 | 113 | 709 |
| 348 | 691 | 306 | 699 | 283 | 716 |
| 360 | 702 | 343 | 721 | 290 | 717 |
| 433 | 704 | 417 | 983 | 332 | 719 |
| 461 | 708 | 418 | 8004 | 343 | 733 |

| NUMÉROS. | NUMÉROS. | NUMÉROS. | NUMÉROS. | NUMÉROS. | NUMÉROS. |
|---|---|---|---|---|---|
| 9752 | 12576 | 14137 | 16489 | 19063 | 21827 |
| 756 | 684 | 175 | 574 | 140 | 828 |
| 915 | 687 | 397 | 581 | 142 | 850 |
| 918 | 701 | 402 | 689 | 151 | 22008 |
| 920 | 705 | 524 | 704 | 178 | 267 |
| 927 | 730 | 550 | 781 | 184 | 354 |
| 958 | 806 | 557 | 965 | 303 | 587 |
| 962 | 903 | 558 | 17224 | 454 | 598 |
| 995 | 943 | 580 | 260 | 908 | 695 |
| 996 | 949 | 841 | 284 | 20420 | 764 |
| 10005 | 966 | 944 | 322 | 459 | 949 |
| 006 | 969 | 948 | 355 | 615 | 23234 |
| 007 | 975 | 15057 | 364 | 639 | 239 |
| 123 | 992 | 135 | 409 | 765 | 467 |
| 142 | 994 | 140 | 452 | 767 | 824 |
| 144 | 13176 | 142 | 464 | 773 | 827 |
| 240 | 188 | 155 | 490 | 778 | 924 |
| 323 | 206 | 174 | 518 | 800 | 976 |
| 324 | 278 | 225 | 528 | 850 | 24067 |
| 357 | 523 | 245 | 621 | 896 | 165 |
| 376 | 528 | 246 | 628 | 900 | 174 |
| 776 | 543 | 262 | 681 | 21021 | 175 |
| 814 | 549 | 368 | 682 | 023 | 179 |
| 11118 | 567 | 370 | 786 | 120 | 253 |
| 143 | 569 | 373 | 813 | 121 | 369 |
| 194 | 585 | 377 | 932 | 122 | 371 |
| 604 | 587 | 391 | 938 | 127 | 376 |
| 638 | 728 | 405 | 961 | 128 | 377 |
| 642 | 732 | 413 | 18091 | 374 | 403 |
| 648 | 738 | 416 | 143 | 434 | 408 |
| 703 | 754 | 598 | 171 | 702 | 413 |
| 709 | 755 | 841 | 180 | 708 | 424 |
| 768 | 765 | 16064 | 298 | 709 | 466 |
| 910 | 901 | 166 | 479 | 715 | 607 |
| 12181 | 905 | 177 | 640 | 747 | 618 |
| 561 | 908 | 186 | 647 | 750 | 639 |
| 563 | 912 | 189 | 704 | 752 | 749 |
| 571 | 913 | 191 | 810 | 753 | 758 |

| NUMÉROS. | NUMÉROS. | NUMÉROS. | NUMÉROS. | NUMÉROS. | NUMÉROS. |
|---|---|---|---|---|---|
| 24963 | 27696 | 31133 | 33882 | 38123 | 39161 |
| 25216 | 701 | 379 | 34031 | 125 | 217 |
| 217 | 702 | 392 | 036 | 129 | 345 |
| 240 | 703 | 782 | 217 | 132 | 347 |
| 245 | 737 | 784 | 220 | 138 | 349 |
| 304 | 807 | 807 | 341 | 153 | 443 |
| 307 | 876 | 947 | 362 | 158 | 453 |
| 309 | 899 | 962 | 446 | 233 | 503 |
| 625 | 947 | 32022 | 812 | 261 | 504 |
| 630 | 961 | 031 | 885 | 314 | 509 |
| 642 | 997 | 032 | 918 | 423 | 519 |
| 646 | 28021 | 038 | 35035 | 447 | 585 |
| 658 | 215 | 046 | 122 | 450 | 621 |
| 693 | 479 | 194 | 347 | 455 | 806 |
| 728 | 495 | 310 | 590 | 469 | 811 |
| 774 | 500 | 412 | 596 | 470 | 815 |
| 818 | 506 | 418 | 786 | 475 | 818 |
| 822 | 29055 | 535 | 863 | 489 | 824 |
| 865 | 061 | 547 | 36024 | 510 | 862 |
| 886 | 086 | 672 | 157 | 559 | 870 |
| 26276 | 090 | 873 | 435 | 561 | 873 |
| 277 | 091 | 874 | 474 | 564 | 895 |
| 285 | 127 | 875 | 680 | 568 | 907 |
| 315 | 175 | 876 | 762 | 573 | 910 |
| 320 | 178 | 879 | 903 | 590 | 916 |
| 395 | 179 | 33107 | 37080 | 598 | 40028 |
| 875 | 520 | 197 | 300 | 782 | 029 |
| 27027 | 521 | 320 | 317 | 783 | 099 |
| 043 | 544 | 469 | 403 | 786 | 550 |
| 074 | 550 | 527 | 405 | 790 | 551 |
| 105 | 551 | 528 | 417 | 795 | 617 |
| 113 | 896 | 531 | 467 | 804 | 700 |
| 299 | 901 | 577 | 650 | 39018 | 710 |
| 307 | 30134 | 583 | 651 | 022 | 730 |
| 449 | 522 | 625 | 684 | 043 | 731 |
| 450 | 678 | 630 | 856 | 053 | 775 |
| 451 | 904 | 870 | 987 | 071 | 939 |
| 659 | 31097 | 873 | 38118 | 120 | 940 |

| NUMÉROS. | NUMÉROS. | NUMÉROS. | NUMÉROS. | NUMÉROS. | NUMÉROS. |
|---|---|---|---|---|---|
| 40948 | 43353 | 45413 | 49040 | 52703 | 55022 |
| 41269 | 357 | 424 | 042 | 704 | 026 |
| 273 | 584 | 753 | 374 | 746 | 090 |
| 350 | 584 | 46022 | 387 | 747 | 380 |
| 351 | 585 | 092 | 403 | 753 | 384 |
| 360 | 586 | 093 | 416 | 756 | 389 |
| 362 | 593 | 111 | 424 | 757 | 415 |
| 374 | 675 | 164 | 547 | 759 | 449 |
| 505 | 677 | 237 | 605 | 929 | 451 |
| 506 | 705 | 305 | 606 | 945 | 454 |
| 575 | 719 | 310 | 679 | 961 | 455 |
| 621 | 806 | 511 | 759 | 53025 | 514 |
| 622 | 968 | 710 | 940 | 034 | 673 |
| 733 | 44224 | 860 | 50003 | 035 | 690 |
| 801 | 324 | 865 | 136 | 241 | 691 |
| 822 | 329 | 47053 | 205 | 251 | 694 |
| 853 | 380 | 095 | 326 | 474 | 698 |
| 858 | 386 | 421 | 398 | 723 | 701 |
| 989 | 389 | 580 | 400 | 738 | 727 |
| 992 | 440 | 661 | 495 | 739 | 820 |
| 42013 | 520 | 707 | 51049 | 802 | 839 |
| 017 | 552 | 790 | 257 | 805 | 973 |
| 126 | 676 | 967 | 894 | 910 | 985 |
| 128 | 719 | 972 | 924 | 913 | 56054 |
| 173 | 898 | 991 | 52177 | 950 | 073 |
| 174 | 926 | 48139 | 179 | 54164 | 235 |
| 179 | 45047 | 154 | 180 | 172 | 237 |
| 330 | 160 | 172 | 234 | 239 | 330 |
| 334 | 170 | 174 | 306 | 244 | 339 |
| 485 | 171 | 225 | 307 | 440 | 550 |
| 486 | 172 | 232 | 374 | 579 | 638 |
| 489 | 173 | 233 | 377 | 580 | 654 |
| 513 | 174 | 239 | 531 | 622 | 658 |
| 762 | 177 | 408 | 535 | 650 | 664 |
| 847 | 227 | 414 | 582 | 654 | 666 |
| 961 | 253 | 820 | 624 | 882 | 878 |
| 966 | 270 | 868 | 653 | 884 | 943 |
| 43124 | 321 | 49039 | 697 | 891 | 57014 |

| NUMÉROS. | NUMÉROS. | NUMÉROS. | NUMÉROS. | NUMÉROS. | NUMÉROS. |
|---|---|---|---|---|---|
| 57018 | 59804 | 62589 | 64432 | 66515 | 68737 |
| 094 | 805 | 606 | 454 | 519 | 747 |
| 099 | 809 | 608 | 507 | 613 | 837 |
| 208 | 810 | 641 | 511 | 664 | 878 |
| 464 | 60109 | 648 | 538 | 666 | 997 |
| 514 | 113 | 671 | 542 | 739 | 69294 |
| 655 | 337 | 688 | 617 | 758 | 317 |
| 801 | 481 | 689 | 673 | 785 | 393 |
| 830 | 518 | 715 | 739 | 920 | 398 |
| 887 | 541 | 725 | 740 | 964 | 404 |
| 891 | 602 | 727 | 860 | 966 | 546 |
| 967 | 674 | 732 | 867 | 981 | 617 |
| 58034 | 678 | 733 | 65103 | 67090 | 638 |
| 041 | 741 | 737 | 105 | 113 | 684 |
| 086 | 744 | 740 | 146 | 179 | 830 |
| 176 | 745 | 891 | 150 | 299 | 853 |
| 237 | 746 | 63257 | 174 | 301 | 881 |
| 243 | 747 | 354 | 177 | 340 | 913 |
| 252 | 860 | 358 | 208 | 601 | 915 |
| 259 | 61043 | 487 | 256 | 742 | 920 |
| 265 | 050 | 509 | 257 | 772 | 924 |
| 271 | 111 | 545 | 258 | 926 | 981 |
| 355 | 329 | 556 | 513 | 68057 | 70079 |
| 356 | 403 | 557 | 694 | 069 | 138 |
| 358 | 471 | 575 | 839 | 100 | 150 |
| 360 | 576 | 576 | 66166 | 140 | 338 |
| 874 | 577 | 580 | 220 | 300 | 358 |
| 949 | 583 | 626 | 231 | 305 | 360 |
| 979 | 615 | 636 | 259 | 357 | 467 |
| 59127 | 732 | 687 | 328 | 488 | 468 |
| 134 | 768 | 712 | 335 | 503 | 776 |
| 204 | 62061 | 766 | 345 | 505 | 71094 |
| 273 | 119 | 769 | 350 | 507 | 151 |
| 362 | 243 | 64037 | 382 | 624 | 165 |
| 374 | 392 | 038 | 492 | 639 | 170 |
| 386 | 394 | 046 | 496 | 644 | 171 |
| 397 | 398 | 182 | 501 | 664 | 172 |
| 609 | 428 | 431 | 512 | 728 | 177 |

| NUMÉROS. | NUMÉROS. | NUMÉROS. | NUMÉROS. | NUMÉROS. | NUMÉROS. |
|---|---|---|---|---|---|
| 71199 | 74024 | 75201 | 78286 | 79658 | 82533 |
| 217 | 049 | 202 | 377 | 831 | 570 |
| 224 | 060 | 205 | 399 | 80012 | 581 |
| 225 | 075 | 618 | 414 | 022 | 686 |
| 249 | 079 | 737 | 428 | 097 | 700 |
| 281 | 101 | 765 | 473 | 100 | 736 |
| 403 | 104 | 870 | 536 | 188 | 738 |
| 578 | 109 | 903 | 582 | 365 | 787 |
| 580 | 114 | 904 | 616 | 529 | 854 |
| 600 | 121 | 980 | 639 | 663 | 856 |
| 652 | 140 | 76011 | 712 | 746 | 860 |
| 872 | 146 | 025 | 734 | 790 | 83028 |
| 956 | 159 | 331 | 742 | 916 | 488 |
| 72364 | 188 | 334 | 744 | 964 | 496 |
| 365 | 217 | 354 | 746 | 966 | 731 |
| 387 | 234 | 356 | 817 | 969 | 961 |
| 445 | 249 | 535 | 820 | 81322 | 963 |
| 452 | 255 | 793 | 822 | 342 | 990 |
| 530 | 275 | 796 | 823 | 394 | 84013 |
| 606 | 278 | 810 | 831 | 482 | 100 |
| 674 | 280 | 811 | 836 | 490 | 109 |
| 677 | 294 | 77048 | 79091 | 492 | 261 |
| 680 | 295 | 146 | 093 | 498 | 265 |
| 738 | 338 | 156 | 197 | 581 | 272 |
| 752 | 569 | 159 | 199 | 606 | 375 |
| 766 | 570 | 480 | 203 | 608 | 477 |
| 873 | 571 | 497 | 237 | 612 | 480 |
| 878 | 658 | 520 | 241 | 634 | 513 |
| 891 | 678 | 711 | 252 | 914 | 580 |
| 896 | 731 | 817 | 280 | 917 | 629 |
| 934 | 921 | 818 | 513 | 941 | 680 |
| 73021 | 944 | 860 | 516 | 82059 | 714 |
| 220 | 946 | 870 | 518 | 173 | 743 |
| 236 | 969 | 876 | 521 | 182 | 744 |
| 683 | 981 | 78064 | 524 | 201 | 843 |
| 927 | 996 | 070 | 576 | 236 | 844 |
| 935 | 997 | 176 | 643 | 398 | 920 |
| 962 | 75199 | 204 | 650 | 402 | 921 |

| NUMÉROS. | NUMÉROS. | NUMÉROS. | NUMÉROS. | NUMÉROS. | NUMÉROS. |
|---|---|---|---|---|---|
| 84924 | 85965 | 86641 | 88919 | 91076 | 93000 |
| 925 | 989 | 651 | 939 | 080 | 143 |
| 929 | 990 | 659 | 960 | 110 | 167 |
| 937 | 991 | 670 | 992 | 116 | 189 |
| 954 | 995 | 672 | 89001 | 164 | 599 |
| 85086 | 86008 | 677 | 092 | 169 | 601 |
| 099 | 012 | 87017 | 102 | 186 | 609 |
| 146 | 027 | 031 | 110 | 203 | 613 |
| 162 | 035 | 049 | 134 | 265 | 648 |
| 195 | 061 | 057 | 140 | 306 | 656 |
| 238 | 149 | 065 | 175 | 309 | 658 |
| 285 | 195 | 073 | 211 | 340 | 660 |
| 465 | 205 | 190 | 259 | 359 | 669 |
| 474 | 214 | 195 | 449 | 389 | 675 |
| 546 | 244 | 205 | 451 | 498 | 676 |
| 548 | 414 | 207 | 480 | 531 | 721 |
| 652 | 419 | 260 | 488 | 671 | 776 |
| 672 | 422 | 272 | 489 | 748 | 841 |
| 678 | 425 | 274 | 538 | 92022 | 843 |
| 683 | 431 | 303 | 606 | 023 | 904 |
| 714 | 439 | 437 | 609 | 024 | 934 |
| 721 | 450 | 444 | 691 | 044 | 941 |
| 725 | 457 | 446 | 796 | 063 | 94082 |
| 730 | 461 | 448 | 798 | 081 | 254 |
| 746 | 468 | 856 | 842 | 082 | 368 |
| 833 | 477 | 985 | 967 | 089 | 408 |
| 837 | 498 | 88041 | 90146 | 094 | 418 |
| 841 | 509 | 050 | 154 | 132 | 444 |
| 914 | 519 | 222 | 193 | 140 | 496 |
| 919 | 543 | 528 | 477 | 146 | 500 |
| 934 | 558 | 598 | 504 | 422 | 646 |
| 937 | 569 | 626 | 591 | 467 | 701 |
| 940 | 580 | 700 | 698 | 468 | 705 |
| 944 | 599 | 799 | 771 | 670 | 760 |
| 947 | 601 | 817 | 984 | 671 | 968 |
| 951 | 609 | 833 | 990 | 733 | 972 |
| 952 | 622 | 858 | 91072 | 738 | 95009 |
| 955 | 639 | 867 | 075 | 741 | 099 |

| NUMÉROS. | NUMÉROS. | NUMÉROS. | NUMÉROS. | NUMÉROS. | NUMÉROS. |
|---|---|---|---|---|---|
| 95105 | 98053 | 99915 | 102216 | 103848 | 105279 |
| 143 | 083 | 923 | 217 | 865 | 595 |
| 163 | 139 | 100006 | 232 | 883 | 602 |
| 292 | 248 | 017 | 237 | 104099 | 620 |
| 303 | 252 | 036 | 238 | 114 | 690 |
| 388 | 379 | 051 | 284 | 191 | 753 |
| 390 | 473 | 166 | 429 | 193 | 757 |
| 462 | 593 | 170 | 453 | 202 | 758 |
| 473 | 596 | 101063 | 474 | 205 | 759 |
| 474 | 671 | 064 | 479 | 206 | 761 |
| 525 | 683 | 096 | 495 | 358 | 806 |
| 610 | 701 | 133 | 498 | 359 | 823 |
| 612 | 702 | 211 | 500 | 441 | 959 |
| 805 | 778 | 245 | 516 | 466 | 960 |
| 928 | 787 | 260 | 552 | 467 | 106048 |
| 96052 | 800 | 281 | 576 | 471 | 068 |
| 086 | 803 | 331 | 582 | 474 | 069 |
| 088 | 99286 | 335 | 616 | 489 | 071 |
| 167 | 289 | 359 | 624 | 604 | 135 |
| 249 | 291 | 362 | 866 | 617 | 147 |
| 500 | 295 | 557 | 928 | 618 | 205 |
| 665 | 306 | 564 | 939 | 675 | 266 |
| 766 | 322 | 582 | 945 | 707 | 279 |
| 930 | 327 | 586 | 103184 | 709 | 311 |
| 97042 | 352 | 596 | 188 | 757 | 312 |
| 043 | 369 | 602 | 512 | 771 | 314 |
| 051 | 392 | 605 | 521 | 781 | 415 |
| 123 | 456 | 642 | 522 | 784 | 425 |
| 184 | 458 | 667 | 552 | 919 | 445 |
| 783 | 459 | 896 | 593 | 923 | 447 |
| 799 | 500 | 901 | 650 | 927 | 451 |
| 821 | 502 | 911 | 651 | 979 | 470 |
| 867 | 525 | 912 | 654 | 983 | 475 |
| 875 | 638 | 914 | 706 | 105000 | 487 |
| 908 | 640 | 915 | 814 | 074 | 489 |
| 949 | 662 | 933 | 818 | 149 | 501 |
| 973 | 683 | 941 | 820 | 211 | 505 |
| 98048 | 693 | 944 | 847 | 234 | 507 |

| NUMÉROS. | NUMÉROS. | NUMÉROS. | NUMÉROS. | NUMÉROS. | NUMÉROS. |
|---|---|---|---|---|---|
| 106536 | 109944 | 112909 | 117600 | 120011 | 124180 |
| 660 | 981 | 113037 | 688 | 015 | 186 |
| 845 | 110007 | 040 | 806 | 124 | 251 |
| 847 | 014 | 051 | 928 | 249 | 360 |
| 923 | 022 | 057 | 118115 | 306 | 576 |
| 107082 | 028 | 261 | 140 | 402 | 666 |
| 169 | 036 | 286 | 143 | 622 | 973 |
| 172 | 277 | 475 | 210 | 655 | 977 |
| 183 | 320 | 476 | 231 | 720 | 125016 |
| 184 | 486 | 480 | 245 | 857 | 063 |
| 278 | 491 | 514 | 254 | 121028 | 104 |
| 377 | 497 | 114342 | 267 | 029 | 512 |
| 645 | 637 | 502 | 362 | 121 | 673 |
| 651 | 703 | 506 | 511 | 247 | 675 |
| 732 | 796 | 511 | 680 | 357 | 676 |
| 810 | 800 | 512 | 686 | 379 | 126291 |
| 816 | 111084 | 521 | 721 | 750 | 322 |
| 873 | 086 | 694 | 803 | 754 | 355 |
| 922 | 137 | 738 | 821 | 773 | 476 |
| 108009 | 138 | 793 | 857 | 993 | 675 |
| 155 | 302 | 818 | 869 | 995 | 127053 |
| 157 | 319 | 940 | 870 | 122111 | 163 |
| 210 | 463 | 943 | 878 | 145 | 561 |
| 305 | 464 | 115045 | 119010 | 157 | 563 |
| 437 | 587 | 256 | 122 | 351 | 594 |
| 469 | 822 | 116126 | 331 | 730 | 128011 |
| 473 | 882 | 130 | 337 | 123312 | 014 |
| 524 | 885 | 249 | 347 | 351 | 016 |
| 630 | 934 | 256 | 445 | 358 | 023 |
| 794 | 936 | 284 | 469 | 492 | 091 |
| 990 | 112028 | 562 | 500 | 511 | 240 |
| 999 | 088 | 592 | 503 | 514 | 272 |
| 109132 | 460 | 760 | 543 | 563 | 296 |
| 347 | 500 | 117083 | 544 | 584 | 340 |
| 350 | 810 | 185 | 726 | 704 | 352 |
| 523 | 903 | 282 | 733 | 807 | 388 |
| 533 | 904 | 497 | 768 | 124169 | 391 |
| 538 | 908 | 578 | 776 | 179 | 402 |

| NUMÉROS. | NUMÉROS. | NUMÉROS. | NUMÉROS. | NUMÉROS. | NUMÉROS. |
|---|---|---|---|---|---|
| 128403 | 129733 | 131031 | 133359 | 135451 | 138223 |
| 586 | 736 | 050 | 362 | 452 | 247 |
| 602 | 737 | 060 | 435 | 499 | 284 |
| 608 | 783 | 078 | 437 | 535 | 289 |
| 612 | 130024 | 095 | 627 | 555 | 366 |
| 618 | 064 | 143 | 633 | 557 | 409 |
| 647 | 068 | 177 | 641 | 609 | 455 |
| 654 | 075 | 190 | 646 | 849 | 467 |
| 663 | 077 | 199 | 651 | 889 | 552 |
| 680 | 115 | 254 | 677 | 890 | 553 |
| 682 | 201 | 264 | 694 | 136009 | 555 |
| 688 | 250 | 361 | 763 | 079 | 932 |
| 707 | 251 | 366 | 134182 | 162 | 934 |
| 715 | 264 | 673 | 191 | 171 | 961 |
| 717 | 296 | 689 | 390 | 174 | 964 |
| 732 | 355 | 710 | 493 | 243 | 966 |
| 750 | 361 | 714 | 510 | 347 | 968 |
| 756 | 463 | 740 | 514 | 353 | 978 |
| 757 | 469 | 756 | 527 | 364 | 139001 |
| 770 | 475 | 763 | 548 | 435 | 278 |
| 802 | 479 | 812 | 552 | 616 | 281 |
| 975 | 480 | 132088 | 827 | 704 | 483 |
| 129022 | 483 | 118 | 831 | 729 | 542 |
| 024 | 484 | 120 | 835 | 735 | 545 |
| 027 | 488 | 198 | 879 | 736 | 599 |
| 133 | 490 | 295 | 881 | 748 | 604 |
| 187 | 493 | 303 | 911 | 749 | 639 |
| 200 | 500 | 313 | 924 | 756 | 646 |
| 203 | 537 | 445 | 930 | 833 | 673 |
| 223 | 689 | 447 | 956 | 834 | 718 |
| 389 | 699 | 454 | 968 | 836 | 978 |
| 411 | 703 | 483 | 969 | 137332 | 981 |
| 412 | 748 | 677 | 992 | 462 | 993 |
| 415 | 753 | 687 | 135089 | 677 | 140072 |
| 485 | 853 | 854 | 146 | 920 | 093 |
| 530 | 988 | 133234 | 148 | 974 | 097 |
| 531 | 993 | 259 | 388 | 138071 | 109 |
| 532 | 131027 | 260 | 420 | 089 | 136 |

| NUMÉROS. | NUMÉROS. | NUMÉROS. | NUMÉROS. | NUMÉROS. | NUMÉROS. |
|---|---|---|---|---|---|
| 140207 | 142595 | 144377 | 146985 | 151263 | 154081 |
| 385 | 768 | 412 | 989 | 280 | 094 |
| 506 | 772 | 435 | 147065 | 345 | 097 |
| 524 | 904 | 523 | 309 | 348 | 106 |
| 553 | 967 | 525 | 327 | 364 | 111 |
| 661 | 968 | 616 | 331 | 721 | 156 |
| 672 | 974 | 638 | 415 | 734 | 175 |
| 684 | 143090 | 736 | 419 | 859 | 178 |
| 705 | 104 | 738 | 725 | 872 | 326 |
| 711 | 105 | 145189 | 935 | 906 | 393 |
| 141094 | 367 | 201 | 980 | 152182 | 434 |
| 164 | 373 | 306 | 148054 | 183 | 441 |
| 165 | 381 | 397 | 055 | 348 | 461 |
| 347 | 390 | 460 | 084 | 349 | 701 |
| 740 | 392 | 461 | 245 | 359 | 702 |
| 759 | 398 | 577 | 375 | 361 | 709 |
| 815 | 430 | 621 | 431 | 629 | 893 |
| 894 | 580 | 622 | 480 | 633 | 902 |
| 929 | 582 | 630 | 525 | 642 | 155168 |
| 936 | 688 | 635 | 717 | 644 | 169 |
| 142061 | 690 | 868 | 721 | 652 | 191 |
| 062 | 738 | 916 | 989 | 662 | 211 |
| 115 | 819 | 997 | 149024 | 905 | 220 |
| 219 | 855 | 146080 | 117 | 914 | 250 |
| 239 | 873 | 081 | 471 | 153159 | 259 |
| 242 | 971 | 132 | 680 | 161 | 264 |
| 286 | 976 | 133 | 829 | 281 | 306 |
| 303 | 994 | 190 | 150025 | 284 | 369 |
| 304 | 144030 | 210 | 188 | 305 | 370 |
| 326 | 035 | 227 | 414 | 339 | 373 |
| 354 | 116 | 251 | 421 | 583 | 375 |
| 356 | 140 | 394 | 425 | 672 | 376 |
| 364 | 154 | 398 | 427 | 807 | 434 |
| 365 | 193 | 400 | 647 | 983 | 440 |
| 380 | 213 | 726 | 694 | 154004 | 613 |
| 422 | 214 | 727 | 885 | 052 | 625 |
| 568 | 225 | 880 | 892 | 058 | 651 |
| 573 | 245 | 895 | 910 | 080 | 654 |

| NUMÉROS. | NUMÉROS. | NUMÉROS. | NUMÉROS. | NUMÉROS. | NUMÉROS. |
|---|---|---|---|---|---|
| 155655 | 157297 | 159799 | 161251 | 164242 | 166739 |
| 662 | 411 | 802 | 255 | 246 | 758 |
| 670 | 414 | 844 | 258 | 251 | 918 |
| 705 | 441 | 918 | 263 | 307 | 928 |
| 798 | 444 | 924 | 550 | 442 | 992 |
| 801 | 496 | 926 | 575 | 451 | 167005 |
| 805 | 500 | 936 | 646 | 461 | 215 |
| 908 | 501 | 937 | 848 | 464 | 220 |
| 912 | 510 | 941 | 162261 | 486 | 226 |
| 926 | 568 | 160170 | 295 | 494 | 227 |
| 945 | 858 | 305 | 297 | 502 | 228 |
| 947 | 931 | 400 | 612 | 507 | 234 |
| 976 | 937 | 402 | 614 | 515 | 236 |
| 989 | 943 | 470 | 659 | 524 | 316 |
| 995 | 983 | 637 | 721 | 555 | 324 |
| 996 | 158125 | 717 | 754 | 561 | 535 |
| 156002 | 158 | 734 | 757 | 630 | 558 |
| 003 | 159 | 739 | 163038 | 633 | 564 |
| 117 | 205 | 741 | 236 | 768 | 168097 |
| 118 | 319 | 946 | 238 | 771 | 099 |
| 128 | 335 | 960 | 442 | 775 | 101 |
| 132 | 469 | 968 | 452 | 777 | 105 |
| 152 | 480 | 161056 | 482 | 797 | 157 |
| 202 | 485 | 080 | 484 | 888 | 287 |
| 226 | 495 | 089 | 601 | 165034 | 293 |
| 228 | 159154 | 090 | 607 | 234 | 303 |
| 235 | 199 | 124 | 853 | 304 | 736 |
| 358 | 220 | 146 | 861 | 441 | 980 |
| 360 | 222 | 148 | 164028 | 515 | 984 |
| 436 | 238 | 159 | 032 | 622 | 992 |
| 603 | 593 | 185 | 038 | 816 | 169184 |
| 634 | 613 | 210 | 039 | 865 | 192 |
| 707 | 661 | 218 | 046 | 166278 | 207 |
| 721 | 668 | 219 | 048 | 399 | 215 |
| 739 | 686 | 231 | 120 | 653 | 254 |
| 742 | 710 | 234 | 221 | 667 | 270 |
| 837 | 729 | 240 | 234 | 668 | 283 |
| 157133 | 736 | 250 | 239 | 736 | 349 |

| NUMÉROS. | NUMÉROS. | NUMÉROS. | NUMÉROS. | NUMÉROS. | NUMÉROS. |
|---|---|---|---|---|---|
| 169520 | 172343 | 173614 | 175775 | 177836 | 179326 |
| 531 | 435 | 644 | 777 | 840 | 525 |
| 644 | 548 | 672 | 780 | 848 | 581 |
| 765 | 594 | 727 | 797 | 850 | 587 |
| 870 | 615 | 791 | 809 | 852 | 601 |
| 170045 | 621 | 817 | 176032 | 854 | 676 |
| 046 | 787 | 863 | 058 | 859 | 744 |
| 267 | 799 | 882 | 248 | 864 | 745 |
| 362 | 824 | 884 | 268 | 953 | 993 |
| 405 | 861 | 894 | 274 | 954 | 180071 |
| 417 | 864 | 902 | 280 | 955 | 448 |
| 421 | 866 | 904 | 284 | 957 | 539 |
| 652 | 867 | 915 | 477 | 178056 | 555 |
| 734 | 918 | 976 | 478 | 071 | 615 |
| 945 | 945 | 980 | 481 | 087 | 620 |
| 171014 | 949 | 174003 | 793 | 419 | 637 |
| 171 | 994 | 269 | 802 | 480 | 661 |
| 536 | 173038 | 477 | 834 | 482 | 673 |
| 541 | 041 | 479 | 838 | 487 | 697 |
| 772 | 048 | 528 | 840 | 530 | 702 |
| 780 | 057 | 598 | 908 | 533 | 711 |
| 793 | 065 | 906 | 914 | 611 | 721 |
| 880 | 075 | 950 | 921 | 617 | 731 |
| 893 | 089 | 175167 | 932 | 727 | 903 |
| 920 | 098 | 294 | 937 | 729 | 904 |
| 921 | 106 | 436 | 177198 | 801 | 924 |
| 941 | 109 | 510 | 378 | 179025 | 926 |
| 995 | 129 | 582 | 381 | 029 | 952 |
| 172005 | 130 | 606 | 388 | 030 | 181088 |
| 037 | 300 | 614 | 392 | 047 | 201 |
| 061 | 319 | 623 | 516 | 218 | 227 |
| 226 | 409 | 627 | 574 | 224 | 373 |
| 229 | 497 | 634 | 593 | 230 | 453 |
| 232 | 543 | 643 | 597 | 299 | 455 |
| 276 | 544 | 670 | 608 | 300 | 457 |
| 277 | 565 | 673 | 675 | 302 | 460 |
| 282 | 599 | 710 | 679 | 311 | 508 |
| 340 | 601 | 738 | 751 | 322 | 519 |

| NUMÉROS. | NUMÉROS. | NUMÉROS. | NUMÉROS. | NUMÉROS. | NUMÉROS. |
|---|---|---|---|---|---|
| 181590 | 183249 | 186378 | 188422 | 191011 | 193145 |
| 604 | 251 | 379 | 562 | 261 | 147 |
| 635 | 260 | 435 | 572 | 271 | 298 |
| 708 | 512 | 441 | 589 | 324 | 603 |
| 713 | 631 | 449 | 598 | 355 | 640 |
| 716 | 657 | 502 | 599 | 442 | 194025 |
| 813 | 658 | 503 | 795 | 524 | 029 |
| 832 | 690 | 542 | 834 | 764 | 268 |
| 863 | 899 | 614 | 189065 | 899 | 478 |
| 962 | 900 | 647 | 070 | 192013 | 622 |
| 182042 | 915 | 650 | 212 | 017 | 681 |
| 054 | 921 | 714 | 306 | 026 | 765 |
| 085 | 932 | 860 | 308 | 184 | 781 |
| 163 | 184094 | 964 | 514 | 209 | 837 |
| 186 | 173 | 187064 | 555 | 210 | 195024 |
| 190 | 189 | 149 | 619 | 286 | 043 |
| 200 | 281 | 203 | 621 | 287 | 190 |
| 232 | 285 | 213 | 631 | 288 | 276 |
| 239 | 291 | 373 | 652 | 290 | 314 |
| 242 | 302 | 439 | 761 | 296 | 316 |
| 515 | 606 | 440 | 766 | 363 | 341 |
| 591 | 608 | 444 | 811 | 464 | 445 |
| 609 | 791 | 514 | 813 | 465 | 598 |
| 668 | 950 | 598 | 190029 | 466 | 836 |
| 673 | 951 | 730 | 030 | 524 | 196117 |
| 717 | 959 | 762 | 351 | 546 | 279 |
| 750 | 185008 | 769 | 357 | 598 | 414 |
| 769 | 136 | 898 | 506 | 647 | 421 |
| 824 | 139 | 909 | 541 | 683 | 592 |
| 894 | 422 | 910 | 632 | 690 | 620 |
| 906 | 580 | 943 | 636 | 714 | 623 |
| 183055 | 588 | 948 | 699 | 925 | 902 |
| 097 | 593 | 981 | 747 | 934 | 922 |
| 100 | 660 | 983 | 847 | 986 | 934 |
| 107 | 917 | 985 | 854 | 193069 | 197027 |
| 131 | 186302 | 188124 | 912 | 087 | 175 |
| 134 | 306 | 264 | 971 | 098 | 177 |
| 244 | 308 | 351 | 191004 | 107 | 196 |

| NUMÉROS. | NUMÉROS. | NUMÉROS. | NUMÉROS. | NUMÉROS. | NUMÉROS. |
|---|---|---|---|---|---|
| 197277 | 200605 | 203836 | 206298 | 207364 | 211155 |
| 535 | 631 | 850 | 306 | 378 | 161 |
| 539 | 716 | 204022 | 315 | 391 | 293 |
| 540 | 813 | 029 | 328 | 392 | 668 |
| 544 | 819 | 216 | 334 | 702 | 713 |
| 547 | 855 | 238 | 338 | 794 | 737 |
| 550 | 944 | 240 | 352 | 836 | 759 |
| 556 | 201052 | 295 | 363 | 208061 | 817 |
| 627 | 156 | 351 | 364 | 294 | 212125 |
| 834 | 262 | 505 | 371 | 312 | 138 |
| 888 | 745 | 552 | 374 | 426 | 143 |
| 198007 | 750 | 595 | 382 | 674 | 213 |
| 011 | 788 | 678 | 385 | 682 | 344 |
| 012 | 861 | 681 | 386 | 907 | 345 |
| 057 | 916 | 719 | 405 | 978 | 494 |
| 074 | 202058 | 722 | 453 | 209026 | 495 |
| 459 | 062 | 810 | 481 | 028 | 552 |
| 562 | 215 | 205369 | 504 | 043 | 623 |
| 759 | 228 | 371 | 511 | 285 | 625 |
| 834 | 304 | 376 | 522 | 287 | 847 |
| 964 | 665 | 377 | 530 | 303 | 980 |
| 199405 | 966 | 417 | 550 | 308 | 213192 |
| 420 | 969 | 456 | 602 | 389 | 444 |
| 425 | 203044 | 560 | 668 | 625 | 539 |
| 502 | 042 | 568 | 761 | 744 | 635 |
| 734 | 112 | 792 | 762 | 785 | 667 |
| 825 | 324 | 800 | 770 | 210434 | 987 |
| 889 | 380 | 839 | 804 | 458 | 214118 |
| 902 | 394 | 855 | 922 | 459 | 181 |
| 200015 | 445 | 857 | 962 | 462 | 190 |
| 017 | 523 | 206029 | 964 | 484 | 195 |
| 018 | 524 | 114 | 980 | 557 | 222 |
| 068 | 594 | 241 | 207027 | 591 | 275 |
| 071 | 652 | 243 | 075 | 806 | 384 |
| 103 | 653 | 255 | 119 | 808 | 386 |
| 418 | 659 | 266 | 129 | 944 | 391 |
| 546 | 692 | 270 | 144 | 211114 | 505 |
| 563 | 695 | 293 | 344 | 154 | 514 |

2

| NUMÉROS. | NUMÉROS. | NUMÉROS. | NUMÉROS. | NUMÉROS. | NUMÉROS. |
|---|---|---|---|---|---|
| 214569 | 217039 | 221246 | 222929 | 225933 | 227849 |
| 570 | 042 | 265 | 223085 | 943 | 933 |
| 738 | 048 | 269 | 128 | 947 | 944 |
| 770 | 249 | 270 | 132 | 949 | 969 |
| 771 | 250 | 356 | 142 | 963 | 993 |
| 894 | 253 | 426 | 145 | 993 | 228057 |
| 895 | 537 | 573 | 240 | 994 | 062 |
| 898 | 801 | 743 | 243 | 226033 | 104 |
| 941 | 815 | 774 | 354 | 073 | 181 |
| 970 | 848 | 876 | 355 | 237 | 479 |
| 215079 | 885 | 877 | 494 | 241 | 484 |
| 244 | 887 | 881 | 495 | 282 | 485 |
| 367 | 920 | 882 | 497 | 363 | 639 |
| 420 | 921 | 904 | 498 | 368 | 794 |
| 436 | 218240 | 907 | 500 | 432 | 874 |
| 447 | 557 | 222112 | 532 | 445 | 934 |
| 449 | 581 | 129 | 836 | 449 | 967 |
| 691 | 582 | 206 | 843 | 621 | 968 |
| 696 | 219397 | 208 | 851 | 642 | 229180 |
| 216087 | 398 | 220 | 955 | 736 | 184 |
| 090 | 220033 | 221 | 959 | 750 | 185 |
| 279 | 325 | 222 | 962 | 227067 | 200 |
| 312 | 330 | 228 | 224866 | 107 | 215 |
| 314 | 344 | 233 | 870 | 182 | 314 |
| 359 | 412 | 235 | 971 | 195 | 350 |
| 375 | 625 | 237 | 973 | 223 | 352 |
| 376 | 648 | 495 | 225112 | 225 | 355 |
| 377 | 661 | 502 | 199 | 247 | 370 |
| 452 | 698 | 538 | 243 | 250 | 637 |
| 453 | 843 | 598 | 244 | 270 | 719 |
| 588 | 924 | 599 | 246 | 468 | 726 |
| 677 | 221045 | 600 | 627 | 490 | 746 |
| 217014 | 075 | 684 | 897 | 518 | 752 |
| 019 | 076 | 742 | 899 | 520 | 913 |
| 023 | 080 | 805 | 900 | 647 | 971 |
| 029 | 083 | 890 | 907 | 665 | 230118 |
| 030 | 206 | 892 | 919 | 842 | 228 |
| 035 | 244 | 895 | 922 | 848 | 314 |

| NUMÉROS, | NUMÉROS. | NUMÉROS. | NUMÉROS. | NUMÉROS. | NUMÉROS. |
|---|---|---|---|---|---|
| 230315 | 232308 | 235643 | 238514 | 241318 | 243482 |
| 354 | 320 | 722 | 564 | 321 | 484 |
| 404 | 336 | 723 | 586 | 336 | 487 |
| 421 | 344 | 773 | 789 | 343 | 552 |
| 466 | 388 | 849 | 870 | 371 | 553 |
| 482 | 404 | 853 | 239380 | 399 | 643 |
| 487 | 414 | 857 | 544 | 558 | 668 |
| 775 | 425 | 236474 | 674 | 620 | 244317 |
| 231084 | 428 | 650 | 678 | 699 | 318 |
| 089 | 429 | 652 | 683 | 859 | 319 |
| 117 | 485 | 660 | 686 | 894 | 504 |
| 157 | 522 | 847 | 744 | 242109 | 594 |
| 162 | 666 | 860 | 745 | 262 | 788 |
| 187 | 670 | 899 | 751 | 265 | 791 |
| 260 | 709 | 237046 | 756 | 382 | 927 |
| 261 | 753 | 049 | 772 | 454 | 245307 |
| 600 | 759 | 250 | 827 | 461 | 310 |
| 604 | 767 | 305 | 835 | 532 | 365 |
| 745 | 975 | 311 | 843 | 575 | 393 |
| 771 | 978 | 446 | 857 | 644 | 395 |
| 810 | 233206 | 452 | 901 | 698 | 411 |
| 816 | 233 | 463 | 240011 | 805 | 452 |
| 826 | 344 | 555 | 254 | 807 | 514 |
| 856 | 784 | 557 | 255 | 862 | 519 |
| 876 | 813 | 642 | 339 | 887 | 520 |
| 885 | 815 | 873 | 450 | 948 | 524 |
| 920 | 863 | 946 | 782 | 986 | 588 |
| 955 | 234465 | 966 | 880 | 994 | 598 |
| 961 | 671 | 971 | 953 | 999 | 622 |
| 980 | 672 | 997 | 966 | 243031 | 682 |
| 982 | 676 | 238067 | 967 | 057 | 689 |
| 232026 | 764 | 068 | 241013 | 058 | 730 |
| 032 | 889 | 232 | 058 | 174 | 736 |
| 037 | 235037 | 324 | 062 | 277 | 785 |
| 075 | 041 | 327 | 139 | 278 | 860 |
| 092 | 061 | 407 | 162 | 317 | 867 |
| 160 | 476 | 440 | 310 | 318 | 246069 |
| 281 | 489 | 487 | 312 | 356 | 165 |

| NUMÉROS. | NUMÉROS. | NUMÉROS. | NUMÉROS. | NUMÉROS. | NUMÉROS. |
|---|---|---|---|---|---|
| 246425 | 249723 | 252177 | 253744 | 256145 | 259495 |
| 493 | 741 | 183 | 861 | 153 | 513 |
| 511 | 745 | 265 | 862 | 236 | 537 |
| 527 | 767 | 272 | 863 | 238 | 582 |
| 528 | 790 | 304 | 915 | 239 | 726 |
| 811 | 250052 | 311 | 254107 | 291 | 727 |
| 819 | 053 | 388 | 208 | 293 | 798 |
| 247336 | 239 | 563 | 218 | 296 | 809 |
| 517 | 244 | 601 | 226 | 305 | 850 |
| 930 | 327 | 610 | 278 | 328 | 929 |
| 931 | 377 | 615 | 297 | 461 | 942 |
| 933 | 379 | 663 | 312 | 474 | 956 |
| 947 | 380 | 673 | 314 | 498 | 960 |
| 248051 | 384 | 679 | 367 | 650 | 988 |
| 280 | 390 | 753 | 458 | 801 | 260025 |
| 281 | 391 | 763 | 588 | 911 | 359 |
| 284 | 576 | 830 | 610 | 257061 | 376 |
| 293 | 585 | 836 | 623 | 151 | 437 |
| 531 | 604 | 884 | 795 | 236 | 449 |
| 542 | 716 | 885 | 797 | 249 | 824 |
| 546 | 930 | 900 | 886 | 550 | 841 |
| 572 | 983 | 925 | 255033 | 773 | 842 |
| 609 | 251016 | 927 | 234 | 920 | 992 |
| 668 | 091 | 998 | 235 | 935 | 994 |
| 812 | 136 | 253054 | 644 | 999 | 261009 |
| 884 | 245 | 061 | 646 | 258003 | 057 |
| 886 | 246 | 112 | 729 | 063 | 202 |
| 892 | 254 | 117 | 730 | 064 | 206 |
| 249311 | 256 | 121 | 761 | 598 | 219 |
| 416 | 368 | 177 | 772 | 669 | 221 |
| 474 | 727 | 183 | 857 | 709 | 223 |
| 475 | 855 | 210 | 889 | 738 | 443 |
| 505 | 856 | 212 | 890 | 752 | 782 |
| 524 | 974 | 239 | 891 | 259001 | 922 |
| 535 | 978 | 619 | 908 | 147 | 984 |
| 562 | 252023 | 620 | 911 | 290 | 262094 |
| 569 | 028 | 656 | 946 | 393 | 183 |
| 720 | 176 | 742 | 256006 | 438 | 185 |

| NUMÉROS. | NUMÉROS. | NUMÉROS. | NUMÉROS. | NUMÉROS. | NUMÉROS. |
|---|---|---|---|---|---|
| 262550 | 265298 | 266961 | 269469 | 271637 | 273265 |
| 772 | 301 | 963 | 495 | 655 | 326 |
| 974 | 314 | 267027 | 602 | 673 | 328 |
| 263716 | 346 | 103 | 604 | 676 | 342 |
| 783 | 359 | 173 | 606 | 681 | 344 |
| 822 | 379 | 244 | 607 | 683 | 345 |
| 823 | 391 | 262 | 270025 | 694 | 389 |
| 921 | 400 | 279 | 029 | 702 | 560 |
| 264014 | 566 | 310 | 168 | 705 | 812 |
| 038 | 572 | 313 | 171 | 706 | 822 |
| 039 | 650 | 337 | 174 | 905 | 828 |
| 070 | 819 | 396 | 395 | 919 | 832 |
| 115 | 829 | 449 | 539 | 925 | 901 |
| 152 | 924 | 859 | 605 | 931 | 913 |
| 173 | 266009 | 991 | 691 | 937 | 933 |
| 178 | 035 | 268103 | 914 | 272018 | 274058 |
| 308 | 038 | 126 | 934 | 033 | 075 |
| 318 | 179 | 130 | 946 | 198 | 083 |
| 350 | 317 | 243 | 950 | 255 | 159 |
| 381 | 325 | 309 | 954 | 331 | 175 |
| 388 | 510 | 315 | 271082 | 385 | 187 |
| 499 | 511 | 422 | 087 | 421 | 200 |
| 818 | 513 | 468 | 093 | 494 | 257 |
| 839 | 578 | 489 | 099 | 696 | 328 |
| 843 | 583 | 522 | 103 | 704 | 329 |
| 844 | 586 | 561 | 139 | 800 | 333 |
| 847 | 587 | 574 | 237 | 273134 | 400 |
| 848 | 588 | 668 | 241 | 141 | 402 |
| 853 | 590 | 742 | 285 | 143 | 403 |
| 954 | 592 | 269145 | 343 | 178 | 458 |
| 966 | 594 | 183 | 396 | 181 | 467 |
| 265024 | 597 | 196 | 424 | 185 | 673 |
| 059 | 808 | 199 | 478 | 187 | 680 |
| 223 | 830 | 208 | 491 | 190 | 684 |
| 247 | 833 | 210 | 515 | 235 | 686 |
| 258 | 861 | 238 | 518 | 242 | 704 |
| 282 | 949 | 239 | 537 | 246 | 720 |
| 296 | 950 | 240 | 631 | 256 | 726 |

| NUMÉROS. | NUMÉROS. | NUMÉROS. | NUMÉROS. | NUMÉROS. | NUMÉROS. |
|---|---|---|---|---|---|
| 274729 | 275934 | 277140 | 279686 | 281632 | 283847 |
| 771 | 974 | 161 | 691 | 677 | 930 |
| 772 | 976 | 236 | 696 | 685 | 961 |
| 827 | 276005 | 272 | 725 | 902 | 968 |
| 828 | 054 | 290 | 740 | 939 | 284013 |
| 834 | 063 | 346 | 758 | 940 | 219 |
| 867 | 114 | 357 | 761 | 979 | 325 |
| 951 | 118 | 361 | 795 | 282040 | 330 |
| 275129 | 136 | 635 | 850 | 043 | 331 |
| 152 | 148 | 746 | 874 | 045 | 333 |
| 160 | 156 | 776 | 876 | 123 | 417 |
| 166 | 171 | 781 | 882 | 303 | 491 |
| 249 | 203 | 783 | 280098 | 309 | 543 |
| 272 | 387 | 835 | 239 | 317 | 698 |
| 277 | 422 | 844 | 259 | 576 | 701 |
| 289 | 429 | 846 | 435 | 649 | 728 |
| 296 | 555 | 860 | 437 | 663 | 824 |
| 339 | 561 | 861 | 443 | 702 | 864 |
| 359 | 566 | 929 | 516 | 716 | 883 |
| 404 | 568 | 930 | 548 | 749 | 941 |
| 405 | 573 | 278065 | 684 | 752 | 285113 |
| 406 | 583 | 072 | 688 | 763 | 125 |
| 417 | 588 | 088 | 771 | 838 | 158 |
| 453 | 611 | 092 | 774 | 283082 | 231 |
| 514 | 619 | 093 | 797 | 143 | 327 |
| 517 | 623 | 100 | 840 | 170 | 380 |
| 523 | 654 | 306 | 875 | 213 | 474 |
| 545 | 664 | 307 | 949 | 272 | 499 |
| 627 | 685 | 739 | 950 | 357 | 586 |
| 786 | 702 | 804 | 281046 | 393 | 617 |
| 822 | 703 | 279041 | 063 | 461 | 690 |
| 832 | 710 | 050 | 222 | 463 | 861 |
| 845 | 713 | 057 | 223 | 522 | 948 |
| 867 | 722 | 059 | 327 | 556 | 949 |
| 912 | 729 | 069 | 467 | 559 | 964 |
| 914 | 809 | 472 | 474 | 612 | 286167 |
| 918 | 969 | 482 | 493 | 686 | 204 |
| 932 | 977 | 528 | 585 | 733 | 209 |

| NUMÉROS. | NUMÉROS. | NUMÉROS. | NUMÉROS. | NUMÉROS. | NUMÉROS. |
|---|---|---|---|---|---|
| 286211 | 288094 | 290038 | 292816 | 295203 | 297446 |
| 251 | 138 | 053 | 850 | 252 | 643 |
| 280 | 146 | 075 | 896 | 256 | 675 |
| 361 | 206 | 321 | 293045 | 291 | 825 |
| 369 | 208 | 353 | 050 | 610 | 826 |
| 372 | 358 | 355 | 052 | 712 | 829 |
| 452 | 386 | 424 | 106 | 713 | 988 |
| 466 | 436 | 487 | 156 | 296028 | 298198 |
| 471 | 445 | 491 | 382 | 034 | 241 |
| 477 | 485 | 501 | 395 | 064 | 271 |
| 557 | 503 | 547 | 520 | 065 | 320 |
| 561 | 524 | 605 | 521 | 076 | 448 |
| 578 | 597 | 670 | 525 | 078 | 650 |
| 579 | 602 | 933 | 550 | 079 | 661 |
| 581 | 732 | 985 | 566 | 106 | 669 |
| 662 | 733 | 291213 | 586 | 257 | 299232 |
| 717 | 734 | 214 | 598 | 310 | 317 |
| 755 | 751 | 367 | 697 | 339 | 385 |
| 801 | 755 | 368 | 754 | 342 | 476 |
| 287009 | 963 | 393 | 856 | 380 | 511 |
| 171 | 965 | 430 | 869 | 485 | 581 |
| 333 | 289100 | 468 | 870 | 486 | 589 |
| 472 | 222 | 489 | 948 | 500 | 754 |
| 494 | 238 | 562 | 294321 | 622 | 981 |
| 500 | 239 | 565 | 325 | 668 | 300343 |
| 529 | 241 | 566 | 410 | 735 | 408 |
| 533 | 282 | 571 | 413 | 807 | 505 |
| 535 | 345 | 600 | 458 | 812 | 509 |
| 539 | 347 | 802 | 575 | 813 | 833 |
| 546 | 551 | 915 | 725 | 814 | 868 |
| 632 | 567 | 292100 | 736 | 297067 | 913 |
| 778 | 654 | 128 | 832 | 273 | 918 |
| 804 | 721 | 133 | 834 | 306 | 301122 |
| 809 | 743 | 480 | 900 | 307 | 129 |
| 816 | 830 | 482 | 927 | 348 | 142 |
| 819 | 832 | 516 | 295002 | 351 | 144 |
| 882 | 874 | 636 | 007 | 426 | 208 |
| 918 | 954 | 651 | 084 | 427 | 212 |

| NUMÉROS. | NUMÉROS. | NUMÉROS. | NUMÉROS. | NUMÉROS. | NUMÉROS. |
|---|---|---|---|---|---|
| 301352 | 304157 | 306044 | 307260 | 309108 | 311022 |
| 372 | 158 | 050 | 330 | 112 | 041 |
| 388 | 234 | 053 | 380 | 360 | 174 |
| 410 | 243 | 060 | 414 | 375 | 235 |
| 411 | 394 | 062 | 511 | 382 | 238 |
| 412 | 404 | 185 | 540 | 434 | 436 |
| 902 | 436 | 191 | 584 | 567 | 473 |
| 302223 | 482 | 300 | 642 | 573 | 488 |
| 269 | 650 | 307 | 649 | 575 | 504 |
| 298 | 809 | 329 | 713 | 596 | 516 |
| 327 | 813 | 332 | 898 | 610 | 524 |
| 335 | 827 | 333 | 308086 | 694 | 537 |
| 479 | 910 | 335 | 108 | 820 | 543 |
| 497 | 305044 | 338 | 127 | 823 | 550 |
| 628 | 095 | 354 | 134 | 825 | 567 |
| 745 | 177 | 370 | 174 | 866 | 571 |
| 747 | 190 | 396 | 318 | 883 | 639 |
| 872 | 317 | 406 | 331 | 921 | 653 |
| 303028 | 318 | 416 | 355 | 932 | 664 |
| 030 | 356 | 429 | 384 | 937 | 697 |
| 036 | 395 | 618 | 410 | 941 | 706 |
| 079 | 399 | 641 | 412 | 310071 | 783 |
| 169 | 406 | 665 | 487 | 110 | 982 |
| 183 | 414 | 748 | 504 | 118 | 986 |
| 184 | 423 | 757 | 536 | 128 | 312000 |
| 185 | 481 | 777 | 573 | 160 | 096 |
| 188 | 482 | 824 | 587 | 162 | 112 |
| 189 | 485 | 826 | 619 | 166 | 132 |
| 350 | 536 | 861 | 709 | 200 | 187 |
| 355 | 542 | 873 | 746 | 377 | 205 |
| 373 | 660 | 307064 | 815 | 557 | 219 |
| 428 | 666 | 080 | 819 | 727 | 260 |
| 447 | 699 | 084 | 887 | 733 | 518 |
| 690 | 824 | 086 | 929 | 755 | 635 |
| 739 | 874 | 090 | 931 | 802 | 788 |
| 874 | 912 | 151 | 976 | 877 | 905 |
| 954 | 970 | 153 | 990 | 909 | 908 |
| 304144 | 981 | 177 | 309001 | 950 | 934 |

| NUMÉROS. | NUMÉROS. | NUMÉROS. | NUMÉROS. | NUMÉROS. | NUMÉROS. |
|---|---|---|---|---|---|
| 312941 | 316087 | 319100 | 321651 | 324835 | 327291 |
| 979 | 099 | 126 | 653 | 975 | 303 |
| 313060 | 200 | 132 | 768 | 325060 | 338 |
| 105 | 317080 | 139 | 784 | 088 | 367 |
| 187 | 107 | 179 | 932 | 090 | 372 |
| 189 | 120 | 327 | 936 | 100 | 385 |
| 223 | 121 | 380 | 322015 | 137 | 404 |
| 240 | 140 | 410 | 255 | 249 | 429 |
| 456 | 194 | 496 | 351 | 274 | 435 |
| 463 | 201 | 560 | 369 | 398 | 486 |
| 467 | 229 | 714 | 639 | 403 | 533 |
| 471 | 247 | 320064 | 716 | 420 | 603 |
| 492 | 264 | 065 | 781 | 425 | 604 |
| 590 | 269 | 066 | 787 | 452 | 640 |
| 639 | 282 | 112 | 888 | 453 | 646 |
| 700 | 283 | 123 | 988 | 464 | 707 |
| 314557 | 290 | 130 | 994 | 902 | 713 |
| 772 | 294 | 136 | 323317 | 905 | 718 |
| 908 | 760 | 153 | 318 | 931 | 751 |
| 927 | 815 | 372 | 380 | 326107 | 808 |
| 977 | 853 | 583 | 383 | 109 | 822 |
| 978 | 903 | 684 | 480 | 126 | 832 |
| 979 | 916 | 694 | 544 | 133 | 868 |
| 315010 | 917 | 728 | 547 | 140 | 900 |
| 017 | 966 | 730 | 548 | 158 | 328035 |
| 039 | 993 | 761 | 551 | 195 | 070 |
| 085 | 318084 | 802 | 705 | 196 | 182 |
| 098 | 126 | 813 | 774 | 310 | 204 |
| 105 | 423 | 855 | 824 | 320 | 211 |
| 321 | 551 | 856 | 324103 | 376 | 251 |
| 397 | 658 | 321183 | 200 | 407 | 293 |
| 413 | 714 | 238 | 266 | 475 | 294 |
| 574 | 870 | 521 | 530 | 568 | 325 |
| 648 | 876 | 530 | 531 | 625 | 339 |
| 778 | 978 | 531 | 608 | 790 | 357 |
| 982 | 319014 | 536 | 715 | 917 | 464 |
| 316060 | 028 | 537 | 757 | 327107 | 481 |
| 082 | 029 | 650 | 767 | 129 | 488 |

| NUMÉROS. | NUMÉROS. | NUMÉROS. | NUMÉROS. | NUMÉROS. | NUMÉROS. |
|---|---|---|---|---|---|
| 328493 | 329944 | 331979 | 333807 | 335377 | 337379 |
| 519 | 958 | 332018 | 880 | 393 | 408 |
| 907 | 961 | 041 | 945 | 394 | 428 |
| 927 | 994 | 137 | 334003 | 403 | 522 |
| 929 | 330025 | 153 | 006 | 432 | 616 |
| 933 | 131 | 162 | 020 | 460 | 617 |
| 329021 | 185 | 168 | 023 | 564 | 687 |
| 054 | 256 | 184 | 108 | 568 | 773 |
| 078 | 298 | 193 | 114 | 569 | 827 |
| 090 | 304 | 204 | 142 | 597 | 830 |
| 105 | 305 | 354 | 148 | 755 | 832 |
| 109 | 320 | 358 | 261 | 813 | 918 |
| 117 | 324 | 742 | 297 | 821 | 922 |
| 166 | 330 | 748 | 299 | 904 | 953 |
| 222 | 334 | 775 | 354 | 973 | 338014 |
| 227 | 351 | 904 | 357 | 336143 | 032 |
| 329 | 355 | 905 | 386 | 375 | 053 |
| 389 | 370 | 960 | 389 | 554 | 054 |
| 413 | 373 | 975 | 462 | 620 | 384 |
| 416 | 378 | 979 | 466 | 660 | 389 |
| 421 | 446 | 333103 | 487 | 906 | 415 |
| 430 | 469 | 341 | 492 | 933 | 416 |
| 614 | 482 | 390 | 493 | 337021 | 452 |
| 619 | 653 | 408 | 653 | 052 | 455 |
| 689 | 669 | 430 | 660 | 054 | 476 |
| 723 | 697 | 501 | 929 | 100 | 485 |
| 734 | 823 | 504 | 931 | 101 | 487 |
| 735 | 827 | 516 | 335116 | 102 | 488 |
| 769 | 838 | 535 | 121 | 136 | 489 |
| 782 | 866 | 538 | 122 | 178 | 507 |
| 786 | 955 | 542 | 136 | 196 | 603 |
| 843 | 331159 | 701 | 153 | 199 | 642 |
| 870 | 375 | 708 | 182 | 219 | 873 |
| 900 | 482 | 745 | 195 | 225 | 874 |
| 909 | 490 | 751 | 198 | 288 | 877 |
| 910 | 502 | 752 | 222 | 367 | 956 |
| 918 | 505 | 754 | 250 | 374 | 985 |
| 925 | 610 | 783 | 280 | 377 | 339061 |

| NUMÉROS. | NUMÉROS. | NUMÉROS. | NUMÉROS. | NUMÉROS. | NUMÉROS. |
|---|---|---|---|---|---|
| 339102 | 341408 | 343345 | 344910 | 347455 | 349161 |
| 112 | 409 | 386 | 915 | 580 | 190 |
| 119 | 464 | 389 | 345012 | 636 | 258 |
| 121 | 517 | 410 | 054 | 638 | 477 |
| 183 | 518 | 417 | 125 | 721 | 486 |
| 279 | 523 | 561 | 127 | 780 | 487 |
| 289 | 602 | 585 | 132 | 842 | 490 |
| 396 | 781 | 612 | 195 | 912 | 491 |
| 620 | 806 | 623 | 479 | 931 | 508 |
| 838 | 866 | 723 | 502 | 348048 | 517 |
| 857 | 996 | 732 | 504 | 059 | 696 |
| 880 | 342050 | 865 | 615 | 133 | 850 |
| 883 | 077 | 873 | 704 | 181 | 863 |
| 891 | 108 | 883 | 889 | 200 | 865 |
| 340081 | 109 | 892 | 909 | 238 | 874 |
| 094 | 121 | 897 | 976 | 329 | 880 |
| 164 | 130 | 907 | 977 | 337 | 918 |
| 165 | 252 | 909 | 346140 | 368 | 941 |
| 167 | 259 | 961 | 148 | 457 | 958 |
| 175 | 264 | 344009 | 160 | 459 | 962 |
| 295 | 374 | 017 | 172 | 478 | 350212 |
| 438 | 500 | 046 | 355 | 481 | 301 |
| 439 | 529 | 137 | 411 | 490 | 319 |
| 491 | 547 | 217 | 435 | 625 | 370 |
| 496 | 617 | 222 | 488 | 637 | 389 |
| 498 | 627 | 233 | 494 | 670 | 398 |
| 665 | 628 | 267 | 496 | 672 | 433 |
| 881 | 719 | 286 | 680 | 716 | 461 |
| 341082 | 720 | 293 | 884 | 724 | 482 |
| 108 | 769 | 345 | 987 | 860 | 537 |
| 142 | 776 | 351 | 347107 | 912 | 551 |
| 170 | 932 | 360 | 109 | 917 | 902 |
| 172 | 991 | 374 | 210 | 923 | 903 |
| 196 | 343047 | 521 | 221 | 946 | 351043 |
| 212 | 219 | 633 | 262 | 349054 | 250 |
| 216 | 282 | 643 | 398 | 067 | 253 |
| 384 | 284 | 654 | 399 | 082 | 300 |
| 406 | 295 | 786 | 440 | 135 | 316 |

| NUMÉROS. | NUMÉROS. | NUMÉROS. | NUMÉROS. | NUMÉROS. | NUMÉROS. |
|---|---|---|---|---|---|
| 351323 | 354502 | 355948 | 358664 | 361681 | 363620 |
| 772 | 572 | 949 | 673 | 682 | 629 |
| 877 | 599 | 356088 | 722 | 721 | 897 |
| 878 | 673 | 272 | 771 | 758 | 364002 |
| 352324 | 772 | 295 | 775 | 800 | 058 |
| 467 | 832 | 316 | 359046 | 811 | 072 |
| 476 | 882 | 322 | 081 | 812 | 230 |
| 804 | 887 | 323 | 088 | 814 | 354 |
| 893 | 889 | 399 | 200 | 818 | 385 |
| 896 | 896 | 480 | 202 | 834 | 391 |
| 905 | 898 | 488 | 238 | 926 | 403 |
| 955 | 962 | 562 | 258 | 362014 | 435 |
| 957 | 964 | 676 | 266 | 040 | 465 |
| 353112 | 968 | 738 | 274 | 061 | 514 |
| 122 | 978 | 820 | 360 | 062 | 636 |
| 162 | 991 | 822 | 442 | 073 | 662 |
| 192 | 994 | 881 | 546 | 088 | 841 |
| 329 | 997 | 357144 | 661 | 127 | 844 |
| 578 | 998 | 155 | 709 | 170 | 365074 |
| 580 | 355002 | 160 | 963 | 172 | 156 |
| 584 | 003 | 201 | 360136 | 226 | 230 |
| 601 | 086 | 240 | 138 | 378 | 231 |
| 732 | 091 | 247 | 139 | 411 | 250 |
| 741 | 107 | 423 | 194 | 454 | 278 |
| 788 | 109 | 429 | 600 | 468 | 280 |
| 799 | 111 | 578 | 619 | 599 | 301 |
| 986 | 141 | 698 | 731 | 822 | 321 |
| 988 | 144 | 760 | 815 | 363090 | 323 |
| 989 | 578 | 931 | 846 | 170 | 465 |
| 354040 | 604 | 933 | 961 | 222 | 519 |
| 099 | 614 | 976 | 962 | 315 | 570 |
| 110 | 618 | 358027 | 361068 | 531 | 573 |
| 276 | 623 | 254 | 268 | 548 | 576 |
| 290 | 667 | 274 | 283 | 556 | 703 |
| 301 | 856 | 329 | 570 | 571 | 842 |
| 390 | 859 | 341 | 571 | 574 | 906 |
| 462 | 909 | 473 | 619 | 585 | 909 |
| 474 | 917 | 583 | 653 | 588 | 985 |

| NUMÉROS. | NUMÉROS. | NUMÉROS. | NUMÉROS. | NUMÉROS. | NUMÉROS. |
|---|---|---|---|---|---|
| 366073 | 368939 | 371725 | 373849 | 375291 | 377138 |
| 339 | 369070 | 766 | 851 | 334 | 227 |
| 348 | 073 | 828 | 852 | 338 | 230 |
| 392 | 119 | 829 | 975 | 376 | 231 |
| 394 | 121 | 830 | 978 | 393 | 274 |
| 438 | 200 | 861 | 374000 | 650 | 407 |
| 440 | 370251 | 863 | 002 | 684 | 496 |
| 472 | 380 | 372011 | 006 | 696 | 502 |
| 514 | 412 | 399 | 007 | 702 | 520 |
| 670 | 428 | 400 | 008 | 717 | 681 |
| 675 | 429 | 405 | 010 | 754 | 684 |
| 757 | 443 | 441 | 107 | 973 | 687 |
| 801 | 448 | 444 | 111 | 376103 | 844 |
| 367025 | 470 | 584 | 112 | 224 | 991 |
| 089 | 477 | 777 | 114 | 225 | 378043 |
| 116 | 480 | 785 | 119 | 247 | 051 |
| 283 | 493 | 861 | 122 | 253 | 089 |
| 287 | 521 | 955 | 127 | 281 | 090 |
| 334 | 525 | 373003 | 131 | 289 | 127 |
| 441 | 540 | 073 | 246 | 290 | 129 |
| 449 | 544 | 086 | 426 | 291 | 140 |
| 558 | 591 | 088 | 517 | 293 | 215 |
| 611 | 822 | 089 | 522 | 424 | 262 |
| 702 | 901 | 168 | 524 | 431 | 303 |
| 736 | 968 | 175 | 527 | 453 | 304 |
| 757 | 973 | 206 | 590 | 501 | 317 |
| 774 | 990 | 469 | 767 | 632 | 323 |
| 777 | 371041 | 530 | 782 | 636 | 346 |
| 368037 | 042 | 707 | 801 | 705 | 347 |
| 107 | 104 | 709 | 870 | 706 | 376 |
| 299 | 182 | 710 | 890 | 719 | 383 |
| 307 | 183 | 724 | 895 | 720 | 393 |
| 337 | 419 | 726 | 908 | 826 | 490 |
| 341 | 468 | 729 | 375026 | 828 | 495 |
| 454 | 469 | 732 | 034 | 866 | 506 |
| 561 | 650 | 813 | 036 | 377015 | 510 |
| 656 | 708 | 835 | 079 | 017 | 579 |
| 913 | 722 | 838 | 287 | 089 | 599 |

| NUMÉROS. | NUMÉROS. | NUMÉROS. | NUMÉROS. | NUMÉROS. | NUMÉROS. |
|---|---|---|---|---|---|
| 378717 | 379167 | 380508 | 381632 | 382878 | 383282 |
| 722 | 268 | 531 | 730 | 948 | 317 |
| 731 | 561 | 649 | 741 | 951 | 498 |
| 735 | 731 | 693 | 756 | 958 | 502 |
| 760 | 978 | 698 | 382001 | 990 | 539 |
| 770 | 380002 | 700 | 096 | 383003 | 540 |
| 771 | 045 | 760 | 129 | 037 | 571 |
| 774 | 082 | 835 | 139 | 044 | 582 |
| 800 | 177 | 847 | 211 | 071 | 844 |
| 885 | 241 | 974 | 232 | 108 | 866 |
| 891 | 304 | 979 | 382 | 116 | 867 |
| 963 | 307 | 384027 | 396 | 206 | 871 |
| 980 | 325 | 028 | 615 | 209 | 916 |
| 379047 | 326 | 289 | 669 | 214 | 933 |
| 090 | 331 | 311 | 775 | 216 | 384025 |
| 091 | 507 | 398 | 863 | 219 | |

Total 6185 numéros sortis.

# DEUXIÈME SOCIÉTÉ.
## CLASSE DES JEUNES.

### LISTE DES NUMÉROS SORTIS AU TIRAGE
### du 29 Juin 1850.

(54ᵉ Tirage.)

| NUMÉROS. | NUMÉROS. | NUMÉROS. | NUMÉROS. | NUMÉROS. | NUMÉROS. |
|---|---|---|---|---|---|
| 12 | 1655 | 3009 | 6060 | 8240 | 10947 |
| 15 | 695 | 017 | 180 | 446 | 988 |
| 36 | 702 | 018 | 193 | 450 | 11056 |
| 43 | 753 | 079 | 239 | 484 | 176 |
| 48 | 759 | 116 | 274 | 754 | 224 |
| 57 | 808 | 406 | 540 | 875 | 384 |
| 60 | 818 | 413 | 617 | 9001 | 385 |
| 79 | 930 | 417 | 618 | 238 | 673 |
| 146 | 2024 | 701 | 619 | 502 | 736 |
| 149 | 053 | 791 | 679 | 845 | 796 |
| 324 | 062 | 814 | 688 | 875 | 808 |
| 438 | 066 | 822 | 862 | 878 | 817 |
| 737 | 371 | 4191 | 863 | 937 | 837 |
| 740 | 374 | 462 | 973 | 963 | 990 |
| 905 | 387 | 511 | 974 | 980 | 996 |
| 1069 | 399 | 516 | 7063 | 10050 | 12000 |
| 080 | 406 | 533 | 136 | 126 | 006 |
| 083 | 411 | 544 | 150 | 148 | 158 |
| 092 | 414 | 677 | 164 | 170 | 400 |
| 135 | 506 | 683 | 534 | 261 | 403 |
| 144 | 510 | 5030 | 651 | 317 | 448 |
| 146 | 765 | 268 | 848 | 344 | 461 |
| 490 | 806 | 272 | 8049 | 446 | 473 |
| 522 | 858 | 287 | 184 | 456 | 557 |
| 531 | 868 | 332 | 191 | 461 | 809 |
| 557 | 936 | 368 | 216 | 593 | 843 |
| 578 | 959 | 371 | 218 | 627 | 854 |
| 580 | 971 | 983 | 230 | 943 | 857 |

| NUMÉROS. | NUMÉROS. | NUMÉROS. | NUMÉROS. | NUMÉROS. | NUMÉROS. |
|---|---|---|---|---|---|
| 12984 | 16159 | 19723 | 22197 | 26539 | 30550 |
| 13028 | 212 | 824 | 257 | 794 | 651 |
| 055 | 505 | 829 | 344 | 800 | 653 |
| 235 | 720 | 897 | 349 | 949 | 827 |
| 239 | 723 | 901 | 527 | 960 | 830 |
| 405 | 989 | 978 | 542 | 27001 | 833 |
| 482 | 996 | 985 | 609 | 090 | 839 |
| 496 | 998 | 992 | 634 | 117 | 847 |
| 518 | 17168 | 20101 | 659 | 440 | 848 |
| 584 | 319 | 104 | 687 | 455 | 849 |
| 588 | 321 | 139 | 688 | 714 | 938 |
| 713 | 373 | 140 | 23216 | 717 | 965 |
| 957 | 415 | 281 | 321 | 786 | 31129 |
| 14225 | 432 | 299 | 329 | 789 | 456 |
| 236 | 433 | 640 | 331 | 930 | 763 |
| 239 | 600 | 673 | 567 | 28193 | 976 |
| 244 | 670 | 674 | 590 | 199 | 32267 |
| 246 | 711 | 687 | 930 | 210 | 349 |
| 253 | 719 | 714 | 953 | 454 | 653 |
| 279 | 830 | 818 | 24082 | 455 | 657 |
| 327 | 888 | 848 | 105 | 738 | 659 |
| 817 | 923 | 21001 | 485 | 29219 | 721 |
| 905 | 992 | 004 | 486 | 311 | 722 |
| 964 | 18006 | 014 | 509 | 582 | 728 |
| 972 | 162 | 093 | 511 | 715 | 803 |
| 15022 | 207 | 104 | 813 | 718 | 880 |
| 025 | 328 | 383 | 817 | 799 | 886 |
| 351 | 379 | 589 | 995 | 810 | 959 |
| 363 | 594 | 649 | 25061 | 30046 | 975 |
| 369 | 607 | 834 | 062 | 100 | 33323 |
| 370 | 627 | 835 | 354 | 108 | 357 |
| 410 | 758 | 853 | 774 | 116 | 372 |
| 840 | 831 | 22019 | 809 | 182 | 405 |
| 891 | 838 | 077 | 905 | 208 | 426 |
| 973 | 857 | 133 | 26344 | 252 | 655 |
| 976 | 901 | 136 | 349 | 374 | 748 |
| 979 | 988 | 138 | 395 | 486 | 798 |
| 981 | 19418 | 140 | 532 | 547 | 802 |

| NUMÉROS. | NUMÉROS. | NUMÉROS. | NUMÉROS. | NUMÉROS. | NUMÉROS. |
|---|---|---|---|---|---|
| 34179 | 38698 | 42730 | 46290 | 49665 | 51616 |
| 491 | 718 | 786 | 332 | 899 | 652 |
| 529 | 805 | 834 | 467 | 941 | 767 |
| 852 | 806 | 43241 | 473 | 944 | 828 |
| 918 | 816 | 285 | 481 | 50118 | 829 |
| 939 | 39272 | 419 | 667 | 173 | 875 |
| 940 | 589 | 422 | 675 | 189 | 910 |
| 35015 | 771 | 469 | 714 | 262 | 956 |
| 069 | 40016 | 44122 | 745 | 263 | 968 |
| 278 | 022 | 124 | 47170 | 556 | 52153 |
| 460 | 283 | 312 | 724 | 576 | 171 |
| 496 | 588 | 359 | 856 | 577 | 174 |
| 696 | 638 | 481 | 48004 | 595 | 425 |
| 700 | 665 | 493 | 155 | 625 | 426 |
| 707 | 766 | 716 | 179 | 626 | 681 |
| 757 | 837 | 718 | 529 | 650 | 810 |
| 874 | 872 | 813 | 531 | 652 | 838 |
| 36475 | 904 | 815 | 533 | 685 | 856 |
| 802 | 931 | 896 | 537 | 706 | 909 |
| 917 | 41006 | 931 | 540 | 710 | 959 |
| 923 | 079 | 934 | 798 | 885 | 53048 |
| 37048 | 172 | 947 | 810 | 888 | 251 |
| 084 | 239 | 979 | 811 | 51021 | 259 |
| 095 | 352 | 45001 | 836 | 030 | 274 |
| 103 | 772 | 068 | 840 | 152 | 331 |
| 311 | 821 | 072 | 874 | 155 | 339 |
| 339 | 830 | 224 | 952 | 166 | 344 |
| 367 | 42084 | 241 | 49260 | 169 | 375 |
| 406 | 148 | 243 | 262 | 245 | 565 |
| 554 | 157 | 754 | 264 | 249 | 642 |
| 558 | 162 | 791 | 266 | 262 | 753 |
| 696 | 167 | 852 | 274 | 503 | 909 |
| 886 | 286 | 854 | 489 | 509 | 992 |
| 38142 | 413 | 856 | 502 | 518 | 54037 |
| 423 | 528 | 913 | 503 | 519 | 542 |
| 518 | 535 | 46046 | 540 | 580 | 548 |
| 528 | 575 | 181 | 611 | 613 | 598 |
| 545 | 592 | 285 | 663 | 614 | 761 |

| NUMÉROS. | NUMÉROS. | NUMÉROS. | NUMÉROS. | NUMÉROS. | NUMÉROS. |
|---|---|---|---|---|---|
| 54766 | 57431 | 60194 | 63108 | 66397 | 67572 |
| 771 | 440 | 329 | 178 | 404 | 672 |
| 776 | 484 | 434 | 189 | 470 | 708 |
| 790 | 557 | 441 | 252 | 485 | 68175 |
| 815 | 716 | 877 | 253 | 714 | 329 |
| 947 | 721 | 878 | 462 | 718 | 403 |
| 55092 | 752 | 884 | 467 | 766 | 462 |
| 196 | 943 | 915 | 540 | 772 | 715 |
| 213 | 970 | 61062 | 585 | 774 | 732 |
| 221 | 58029 | 410 | 854 | 777 | 742 |
| 355 | 128 | 411 | 856 | 779 | 963 |
| 365 | 138 | 413 | 884 | 789 | 69004 |
| 378 | 165 | 420 | 64185 | 801 | 034 |
| 508 | 167 | 531 | 215 | 941 | 087 |
| 509 | 198 | 802 | 223 | 942 | 133 |
| 518 | 276 | 62028 | 276 | 946 | 189 |
| 872 | 465 | 069 | 351 | 67096 | 196 |
| 986 | 466 | 115 | 352 | 122 | 297 |
| 989 | 468 | 158 | 444 | 126 | 396 |
| 56047 | 877 | 163 | 458 | 131 | 430 |
| 093 | 981 | 211 | 492 | 135 | 683 |
| 119 | 59068 | 595 | 624 | 145 | 960 |
| 190 | 216 | 610 | 952 | 172 | 70038 |
| 196 | 296 | 617 | 993 | 174 | 461 |
| 278 | 380 | 618 | 65044 | 184 | 502 |
| 287 | 466 | 629 | 240 | 187 | 504 |
| 427 | 638 | 640 | 244 | 195 | 642 |
| 458 | 679 | 644 | 247 | 203 | 661 |
| 567 | 718 | 743 | 433 | 225 | 711 |
| 570 | 740 | 752 | 646 | 227 | 713 |
| 621 | 742 | 773 | 682 | 239 | 716 |
| 626 | 743 | 821 | 691 | 241 | 722 |
| 57112 | 890 | 841 | 732 | 317 | 732 |
| 287 | 977 | 847 | 743 | 334 | 842 |
| 323 | 60052 | 908 | 863 | 341 | 71095 |
| 330 | 100 | 909 | 884 | 361 | 126 |
| 332 | 103 | 915 | 914 | 537 | 175 |
| 334 | 124 | 946 | 66161 | 545 | 180 |

| NUMÉROS. | NUMÉROS. | NUMÉROS. | NUMÉROS. | NUMÉROS. | NUMÉROS. |
|---|---|---|---|---|---|
| 71188 | 74310 | 77974 | 81449 | 84273 | 86788 |
| 189 | 433 | 78119 | 705 | 445 | 828 |
| 219 | 468 | 122 | 711 | 598 | 895 |
| 250 | 541 | 141 | 814 | 858 | 87017 |
| 253 | 605 | 230 | 831 | 960 | 264 |
| 284 | 611 | 242 | 850 | 85030 | 361 |
| 288 | 634 | 257 | 854 | 140 | 362 |
| 322 | 686 | 352 | 967 | 422 | 504 |
| 333 | 797 | 361 | 970 | 652 | 508 |
| 372 | 75233 | 363 | 974 | 661 | 620 |
| 375 | 238 | 782 | 983 | 666 | 622 |
| 414 | 243 | 79090 | 992 | 677 | 647 |
| 436 | 244 | 270 | 997 | 821 | 684 |
| 452 | 308 | 302 | 82003 | 847 | 839 |
| 463 | 526 | 356 | 006 | 881 | 88329 |
| 525 | 535 | 570 | 015 | 999 | 359 |
| 527 | 590 | 574 | 022 | 86010 | 453 |
| 544 | 859 | 606 | 188 | 085 | 505 |
| 617 | 888 | 918 | 265 | 087 | 507 |
| 713 | 76001 | 949 | 294 | 088 | 714 |
| 762 | 137 | 80129 | 606 | 168 | 741 |
| 787 | 147 | 140 | 614 | 169 | 750 |
| 788 | 151 | 157 | 751 | 181 | 89397 |
| 792 | 229 | 220 | 83050 | 277 | 732 |
| 72010 | 354 | 433 | 053 | 287 | 800 |
| 030 | 406 | 570 | 082 | 421 | 930 |
| 179 | 502 | 712 | 151 | 427 | 935 |
| 73168 | 77002 | 764 | 162 | 441 | 952 |
| 443 | 010 | 767 | 365 | 444 | 967 |
| 487 | 106 | 768 | 476 | 500 | 90263 |
| 806 | 118 | 891 | 490 | 636 | 269 |
| 874 | 120 | 929 | 745 | 640 | 289 |
| 885 | 138 | 935 | 870 | 642 | 371 |
| 989 | 273 | 81339 | 879 | 644 | 442 |
| 990 | 392 | 358 | 955 | 649 | 511 |
| 991 | 855 | 396 | 84017 | 663 | 514 |
| 993 | 867 | 409 | 196 | 684 | 520 |
| 74219 | 971 | 425 | 261 | 714 | 641 |

| NUMÉROS. | NUMÉROS. | NUMÉROS. | NUMÉROS. | NUMÉROS. | NUMÉROS. |
|---|---|---|---|---|---|
| 90643 | 93288 | 97077 | 101110 | 105017 | 107888 |
| 644 | 345 | 079 | 327 | 019 | 938 |
| 734 | 526 | 091 | 407 | 029 | 986 |
| 857 | 646 | 095 | 470 | 606 | 108009 |
| 858 | 683 | 296 | 674 | 892 | 065 |
| 91036 | 743 | 304 | 743 | 896 | 305 |
| 067 | 749 | 372 | 828 | 899 | 319 |
| 068 | 769 | 495 | 830 | 901 | 331 |
| 166 | 795 | 508 | 841 | 902 | 339 |
| 190 | 94249 | 511 | 850 | 949 | 345 |
| 203 | 265 | 823 | 102090 | 106008 | 346 |
| 402 | 540 | 910 | 155 | 071 | 364 |
| 404 | 568 | 98346 | 394 | 242 | 401 |
| 439 | 590 | 489 | 400 | 273 | 654 |
| 456 | 594 | 562 | 402 | 323 | 862 |
| 460 | 596 | 644 | 903 | 335 | 930 |
| 574 | 599 | 756 | 909 | 389 | 974 |
| 682 | 95077 | 762 | 962 | 398 | 109023 |
| 684 | 133 | 889 | 103093 | 485 | 025 |
| 973 | 160 | 99149 | 114 | 487 | 169 |
| 92518 | 279 | 275 | 149 | 496 | 239 |
| 554 | 434 | 491 | 462 | 695 | 248 |
| 603 | 641 | 100192 | 498 | 696 | 278 |
| 664 | 708 | 313 | 508 | 794 | 296 |
| 667 | 925 | 328 | 667 | 807 | 301 |
| 673 | 96104 | 354 | 838 | 107088 | 307 |
| 727 | 287 | 358 | 876 | 141 | 315 |
| 796 | 307 | 373 | 880 | 176 | 356 |
| 799 | 314 | 540 | 892 | 184 | 372 |
| 888 | 320 | 544 | 104173 | 185 | 577 |
| 941 | 728 | 549 | 320 | 191 | 583 |
| 989 | 942 | 552 | 763 | 207 | 978 |
| 993 | 994 | 859 | 773 | 312 | 980 |
| 93000 | 995 | 892 | 853 | 513 | 110054 |
| 002 | 97001 | 893 | 858 | 515 | 065 |
| 106 | 003 | 916 | 982 | 643 | 165 |
| 108 | 008 | 101030 | 105000 | 689 | 227 |
| 166 | 010 | 081 | 011 | 817 | 370 |

| NUMÉROS. | NUMÉROS. | NUMÉROS. | NUMÉROS. | NUMÉROS. | NUMÉROS. |
|---|---|---|---|---|---|
| 110463 | 112833 | 114929 | 117327 | 119759 | 122067 |
| 464 | 839 | 942 | 361 | 766 | 305 |
| 568 | 881 | 963 | 409 | 773 | 344 |
| 705 | 889 | 964 | 713 | 854 | 439 |
| 733 | 906 | 969 | 730 | 120171 | 453 |
| 771 | 996 | 115098 | 749 | 177 | 459 |
| 772 | 113019 | 152 | 787 | 189 | 676 |
| 818 | 020 | 184 | 844 | 201 | 697 |
| 821 | 173 | 207 | 896 | 212 | 700 |
| 867 | 349 | 267 | 942 | 285 | 703 |
| 869 | 353 | 306 | 950 | 321 | 716 |
| 941 | 359 | 307 | 118083 | 425 | 803 |
| 943 | 419 | 358 | 130 | 428 | 838 |
| 111084 | 420 | 387 | 133 | 438 | 859 |
| 094 | 423 | 594 | 200 | 551 | 860 |
| 127 | 449 | 596 | 272 | 558 | 866 |
| 328 | 506 | 736 | 454 | 773 | 958 |
| 329 | 519 | 752 | 505 | 783 | 971 |
| 511 | 630 | 797 | 547 | 800 | 990 |
| 512 | 641 | 819 | 633 | 811 | 123045 |
| 723 | 114115 | 870 | 635 | 813 | 120 |
| 725 | 419 | 871 | 119168 | 824 | 149 |
| 845 | 300 | 971 | 198 | 828 | 154 |
| 938 | 549 | 999 | 218 | 842 | 287 |
| 112050 | 561 | 116000 | 244 | 867 | 333 |
| 148 | 571 | 175 | 245 | 868 | 375 |
| 295 | 573 | 187 | 249 | 926 | 377 |
| 303 | 584 | 454 | 261 | 928 | 399 |
| 566 | 595 | 457 | 301 | 121048 | 449 |
| 577 | 610 | 477 | 303 | 063 | 460 |
| 583 | 645 | 549 | 363 | 255 | 760 |
| 586 | 647 | 972 | 412 | 304 | 766 |
| 603 | 705 | 117122 | 481 | 333 | 772 |
| 632 | 709 | 123 | 484 | 713 | 783 |
| 686 | 722 | 154 | 490 | 891 | 124028 |
| 813 | 723 | 159 | 690 | 897 | 075 |
| 817 | 904 | 160 | 756 | 939 | 089 |
| 828 | 914 | 174 | 758 | 951 | 113 |

| NUMÉROS. | NUMÉROS. | NUMÉROS. | NUMÉROS. | NUMÉROS. | NUMÉROS. |
|---|---|---|---|---|---|
| 124130 | 125977 | 129456 | 131913 | 134498 | 137444 |
| 150 | 126076 | 571 | 959 | 512 | 459 |
| 242 | 272 | 598 | 132058 | 703 | 461 |
| 243 | 281 | 716 | 261 | 951 | 462 |
| 570 | 518 | 760 | 264 | 955 | 463 |
| 575 | 586 | 130179 | 664 | 135071 | 513 |
| 577 | 646 | 190 | 716 | 123 | 523 |
| 697 | 647 | 224 | 133167 | 201 | 575 |
| 718 | 720 | 226 | 183 | 207 | 660 |
| 735 | 127068 | 244 | 209 | 467 | 783 |
| 853 | 312 | 248 | 437 | 472 | 138055 |
| 863 | 632 | 249 | 444 | 721 | 058 |
| 864 | 699 | 426 | 446 | 723 | 350 |
| 898 | 849 | 495 | 600 | 753 | 597 |
| 903 | 900 | 498 | 653 | 754 | 643 |
| 925 | 963 | 619 | 666 | 888 | 724 |
| 941 | 987 | 622 | 784 | 951 | 811 |
| 957 | 128062 | 656 | 824 | 972 | 814 |
| 125298 | 077 | 716 | 987 | 136053 | 139088 |
| 362 | 266 | 720 | 993 | 073 | 189 |
| 364 | 267 | 892 | 134131 | 106 | 307 |
| 370 | 462 | 920 | 192 | 133 | 310 |
| 373 | 798 | 928 | 247 | 162 | 338 |
| 383 | 799 | 984 | 257 | 180 | 417 |
| 385 | 833 | 131041 | 269 | 243 | 427 |
| 429 | 853 | 121 | 279 | 247 | 140234 |
| 450 | 129046 | 160 | 296 | 294 | 510 |
| 474 | 048 | 162 | 340 | 301 | 675 |
| 494 | 123 | 175 | 357 | 314 | 676 |
| 495 | 159 | 200 | 362 | 446 | 875 |
| 553 | 168 | 376 | 368 | 454 | 959 |
| 597 | 236 | 409 | 387 | 460 | 141035 |
| 665 | 288 | 416 | 399 | 730 | 067 |
| 800 | 293 | 447 | 434 | 137010 | 086 |
| 834 | 397 | 449 | 440 | 093 | 274 |
| 836 | 400 | 671 | 450 | 172 | 566 |
| 839 | 409 | 718 | 451 | 218 | 583 |
| 929 | 449 | 908 | 470 | 257 | 594 |

| NUMÉROS. | NUMÉROS. | NUMÉROS. | NUMÉROS. | NUMÉROS. | NUMÉROS. |
|---|---|---|---|---|---|
| 141868 | 145077 | 149253 | 152545 | 155609 | 159633 |
| 930 | 213 | 322 | 670 | 621 | 635 |
| 957 | 215 | 324 | 917 | 638 | 640 |
| 968 | 227 | 809 | 977 | 640 | 857 |
| 969 | 675 | 917 | 153042 | 684 | 160068 |
| 971 | 878 | 953 | 109 | 765 | 118 |
| 979 | 886 | 150042 | 490 | 766 | 554 |
| 985 | 146082 | 045 | 493 | 979 | 562 |
| 142063 | 083 | 087 | 494 | 983 | 586 |
| 164 | 091 | 203 | 643 | 156011 | 614 |
| 614 | 426 | 273 | 806 | 114 | 619 |
| 787 | 434 | 342 | 808 | 142 | 620 |
| 867 | 449 | 450 | 831 | 209 | 639 |
| 890 | 712 | 638 | 154154 | 556 | 669 |
| 143239 | 721 | 733 | 387 | 921 | 730 |
| 244 | 731 | 844 | 408 | 157014 | 753 |
| 246 | 732 | 985 | 492 | 015 | 757 |
| 251 | 751 | 991 | 703 | 017 | 826 |
| 455 | 983 | 998 | 712 | 128 | 846 |
| 456 | 147018 | 151176 | 727 | 178 | 161005 |
| 468 | 019 | 286 | 728 | 243 | 017 |
| 469 | 021 | 303 | 734 | 414 | 237 |
| 501 | 575 | 306 | 794 | 426 | 381 |
| 502 | 620 | 309 | 804 | 428 | 389 |
| 601 | 148325 | 313 | 805 | 613 | 421 |
| 602 | 337 | 352 | 810 | 766 | 482 |
| 651 | 364 | 381 | 845 | 158131 | 519 |
| 144123 | 379 | 504 | 907 | 133 | 755 |
| 203 | 480 | 729 | 927 | 335 | 843 |
| 207 | 481 | 737 | 928 | 664 | 951 |
| 222 | 484 | 745 | 974 | 854 | 162163 |
| 228 | 500 | 748 | 155184 | 855 | 190 |
| 628 | 742 | 152288 | 302 | 915 | |
| 646 | 947 | 354 | 308 | 159089 | |
| 655 | 149075 | 356 | 451 | 132 | Total |
| 959 | 248 | 384 | 452 | 208 | 1986 Nᵒˢ |
| 145006 | 251 | 498 | 564 | 562 | sortis. |
| 008 | 252 | 541 | 585 | 574 | |

# LISTE
## DES RENTES ÉTEINTES.

Décès constatés pendant l'Exercice 1849.

---

**PREMIÈRE SOCIÉTÉ.**　　　　**CLASSE DES VIEILLARDS.**

DÉCÈS *qui s'appliquent à des rentes en activité.*

Nᵒˢ 45070 à 45079. Ensemble 10 actions.

Cette classe est éteinte.

## PREMIÈRE SOCIÉTÉ.  CLASSE DES JEUNES.

## DÉCÈS

*Qui s'appliquent à des Rentes tombées en déchéance dans les exercices précédents.*

| NUMÉROS. | NUMÉROS. | NUMÉROS. | NUMÉROS. | NUMÉROS. | NUMÉROS. |
|---|---|---|---|---|---|
| 92 | 32857 | 55129 | 95400 | 114026 | 148424 |
| 273 | 860 | 293 | 99046 | 027 | 150363 |
| 902 | 34020 | 570 | 048 | 036 | 662 |
| 2675 | 35039 | 56048 | 050 | 116883 | 152993 |
| 683 | 109 | 57876 | 051 | 117230 | 158726 |
| 6320 | 37322 | 62267 | 531 | 234 | 730 |
| 404 | 38195 | 268 | 535 | 118026 | 736 |
| 11531 | 339 | 457 | 101193 | 257 | 163176 |
| 12393 | 342 | 460 | 822 | 438 | 714 |
| 15655 | 39073 | 462 | 102138 | 783 | 720 |
| 658 | 082 | 63000 | 103033 | 119788 | 167102 |
| 660 | 421 | 003 | 105170 | 925 | 108 |
| 664 | 40583 | 328 | 180 | 120158 | 173474 |
| 681 | 41529 | 706 | 184 | 165 | 174373 |
| 17749 | 46303 | 66197 | 186 | 121412 | 576 |
| 18912 | 394 | 67934 | 362 | 585 | 175335 |
| 19345 | 783 | 68422 | 363 | 592 | 188336 |
| 644 | 49054 | 69749 | 367 | 635 | 190656 |
| 26087 | 056 | 77604 | 369 | 641 | 683 |
| 321 | 50043 | 608 | 372 | 122370 | 684 |
| 325 | 050 | 83685 | 373 | 124483 | 191422 |
| 27061 | 107 | 832 | 376 | 488 | 726 |
| 063 | 109 | 85599 | 107217 | 552 | 192029 |
| 767 | 52117 | 602 | 453 | 126967 | 479 |
| 30582 | 720 | 603 | 108453 | 129606 | 193402 |
| 32854 | 726 | 88516 | 580 | 132968 | 194243 |
| 852 | 53058 | 623 | 111386 | 971 | 195008 |
| 854 | 065 | 93814 | 451 | 977 | 290 |
| 855 | 54555 | 94255 | 738 | 145508 | 408 |
| 856 | 55126 | 95398 | 816 | 512 | 410 |

| NUMÉROS. | NUMÉROS. | NUMÉROS. | NUMÉROS. | NUMÉROS. | NUMÉROS. |
|---|---|---|---|---|---|
| 195411 | 227342 | 245281 | 276270 | 298967 | 335886 |
| 814 | 344 | 965 | 272 | 300779 | 337598 |
| 196167 | 390 | 246414 | 273 | 303152 | 599 |
| 170 | 391 | 249034 | 276 | 306763 | 607 |
| 197158 | 397 | 041 | 277 | 310321 | 340556 |
| 159 | 398 | 251500 | 278 | 312955 | 559 |
| 160 | 399 | 253370 | 277806 | 956 | 342926 |
| 162 | 228043 | 254342 | 807 | 964 | 343658 |
| 165 | 231168 | 343 | 809 | 313754 | 668 |
| 167 | 587 | 346 | 810 | 893 | 345690 |
| 198770 | 595 | 350 | 812 | 899 | 693 |
| 800 | 233750 | 353 | 813 | 314151 | 346317 |
| 201611 | 234487 | 358 | 814 | 153 | 347099 |
| 614 | 935 | 256020 | 278686 | 155 | 159 |
| 202084 | 235500 | 025 | 280600 | 282 | 162 |
| 208423 | 237267 | 027 | 282173 | 688 | 348117 |
| 212392 | 268 | 028 | 660 | 315639 | 552 |
| 428 | 271 | 537 | 283944 | 832 | 352347 |
| 214532 | 238016 | 979 | 284404 | 318325 | 358630 |
| 218486 | 026 | 257130 | 286909 | 319511 | 359732 |
| 219547 | 358 | 487 | 287011 | 513 | 360360 |
| 666 | 649 | 258996 | 012 | 320537 | 363 |
| 679 | 657 | 259087 | 288595 | 538 | 363055 |
| 682 | 710 | 752 | 680 | 982 | 365204 |
| 683 | 978 | 261108 | 706 | 985 | 808 |
| 222138 | 984 | 408 | 290278 | 323368 | 816 |
| 225322 | 240140 | 415 | 282 | 324639 | 366041 |
| 323 | 615 | 262307 | 287 | 640 | 369500 |
| 324 | 625 | 263297 | 293881 | 641 | 373512 |
| 325 | 241087 | 872 | 885 | 325320 | 513 |
| 328 | 088 | 873 | 294805 | 326799 | 514 |
| 995 | 089 | 874 | 295288 | 331629 | 379981 |
| 227096 | 243448 | 876 | 298931 | 332441 | 381024 |
| 340 | 453 | 271860 | 965 | 446 | 802 |
| 341 | 940 | 274317 | 966 | 450 | |

Total 389 Rentes.

# PREMIÈRE SOCIÉTÉ.　　CLASSE DES JEUNES.

## DÉCÈS SURVENUS PENDANT L'EXERCICE 1849,

*Lesquels s'appliquent à des rentes en activité.*

(56ᵉ exercice de cette Société.)

| NUMÉROS. | NUMÉROS. | NUMÉROS. | NUMÉROS. | NUMÉROS. | NUMÉROS. |
|---|---|---|---|---|---|
| 89 | 6210 | 12474 | 16673 | 19865 | 19956 |
| 1163 | 212 | 475 | 674 | 866 | 957 |
| 2038 | 8244 | 477 | 754 | 867 | 960 |
| 040 | 627 | 479 | 17295 | 869 | 961 |
| 042 | 9933 | 480 | 296 | 870 | 962 |
| 043 | 934 | 482 | 313 | 873 | 20067 |
| 044 | 935 | 483 | 314 | 874 | 068 |
| 046 | 936 | 484 | 316 | 875 | 069 |
| 152 | 937 | 486 | 477 | 876 | 070 |
| 153 | 939 | 494 | 479 | 877 | 071 |
| 376 | 940 | 497 | 480 | 878 | 074 |
| 378 | 941 | 498 | 509 | 879 | 077 |
| 380 | 942 | 500 | 512 | 881 | 078 |
| 381 | 943 | 502 | 567 | 937 | 080 |
| 382 | 946 | 692 | 991 | 939 | 081 |
| 383 | 948 | 719 | 18096 | 940 | 082 |
| 384 | 950 | 811 | 151 | 941 | 083 |
| 385 | 952 | 889 | 548 | 942 | 084 |
| 3240 | 12137 | 13193 | 718 | 944 | 086 |
| 241 | 138 | 14100 | 19028 | 945 | 465 |
| 4165 | 139 | 102 | 050 | 946 | 466 |
| 166 | 140 | 104 | 074 | 947 | 469 |
| 167 | 141 | 15231 | 304 | 948 | 471 |
| 168 | 142 | 232 | 857 | 949 | 472 |
| 169 | 146 | 247 | 858 | 951 | 473 |
| 171 | 467 | 250 | 859 | 952 | 474 |
| 5030 | 471 | 16494 | 861 | 953 | 642 |
| 725 | 472 | 495 | 862 | 954 | 643 |
| 6167 | 473 | 665 | 863 | 955 | 644 |

| NUMÉROS. | NUMÉROS. | NUMÉROS. | NUMÉROS. | NUMÉROS. | NUMÉROS. |
|---|---|---|---|---|---|
| 20645 | 26744 | 36051 | 45079 | 45915 | 53775 |
| 647 | 29173 | 052 | 080 | 916 | 776 |
| 648 | 174 | 690 | 566 | 918 | 54324 |
| 650 | 204 | 692 | 567 | 48493 | 325 |
| 21439 | 205 | 694 | 569 | 494 | 457 |
| 440 | 206 | 695 | 570 | 495 | 460 |
| 470 | 207 | 696 | 571 | 496 | 462 |
| 471 | 208 | 699 | 572 | 497 | 463 |
| 23014 | 212 | 37124 | 573 | 499 | 464 |
| 24112 | 910 | 125 | 574 | 500 | 465 |
| 113 | 911 | 39141 | 576 | 501 | 466 |
| 114 | 912 | 142 | 577 | 573 | 736 |
| 115 | 913 | 753 | 879 | 865 | 739 |
| 116 | 915 | 786 | 880 | 866 | 740 |
| 117 | 916 | 40178 | 881 | 940 | 743 |
| 119 | 917 | 180 | 882 | 941 | 744 |
| 120 | 918 | 182 | 883 | 49494 | 745 |
| 121 | 919 | 183 | 884 | 562 | 987 |
| 123 | 30249 | 184 | 885 | 563 | 988 |
| 124 | 974 | 186 | 886 | 565 | 989 |
| 125 | 31749 | 187 | 888 | 567 | 991 |
| 127 | 751 | 43309 | 889 | 571 | 992 |
| 129 | 753 | 44337 | 890 | 572 | 993 |
| 130 | 754 | 338 | 891 | 573 | 994 |
| 133 | 755 | 341 | 892 | 575 | 996 |
| 134 | 756 | 362 | 895 | 576 | 55182 |
| 135 | 757 | 363 | 896 | 578 | 184 |
| 137 | 758 | 368 | 897 | 580 | 185 |
| 139 | 33192 | 369 | 898 | 581 | 186 |
| 141 | 193 | 370 | 899 | 50584 | 187 |
| 142 | 194 | 826 | 904 | 51133 | 189 |
| 143 | 35577 | 45072 | 905 | 136 | 190 |
| 145 | 36043 | 073 | 906 | 138 | 191 |
| 146 | 046 | 074 | 907 | 142 | 342 |
| 25779 | 047 | 075 | 908 | 53768 | 343 |
| 780 | 048 | 076 | 909 | 770 | 346 |
| 781 | 049 | 077 | 913 | 772 | 845 |
| 26221 | 050 | 078 | 914 | 773 | 846 |

| NUMÉROS. | NUMÉROS. | NUMÉROS. | NUMÉROS. | NUMÉROS. | NUMÉROS. |
|---|---|---|---|---|---|
| 55847 | 56750 | 65185 | 65923 | 70326 | 72528 |
| 848 | 751 | 193 | 924 | 328 | 614 |
| 56220 | 752 | 194 | 926 | 329 | 616 |
| 352 | 753 | 878 | 927 | 331 | 73209 |
| 705 | 754 | 880 | 928 | 71124 | 210 |
| 706 | 755 | 881 | 930 | 126 | 211 |
| 708 | 756 | 882 | 931 | 127 | 213 |
| 709 | 759 | 885 | 933 | 130 | 215 |
| 711 | 760 | 886 | 935 | 131 | 217 |
| 712 | 763 | 887 | 936 | 133 | 239 |
| 713 | 764 | 888 | 66380 | 134 | 242 |
| 714 | 57202 | 890 | 713 | 137 | 243 |
| 715 | 322 | 891 | 714 | 138 | 245 |
| 716 | 572 | 892 | 763 | 140 | 74819 |
| 717 | 952 | 893 | 767 | 144 | 822 |
| 720 | 962 | 894 | 941 | 148 | 823 |
| 722 | 58273 | 895 | 942 | 724 | 824 |
| 723 | 276 | 896 | 968 | 725 | 825 |
| 724 | 277 | 898 | 67158 | 726 | 826 |
| 725 | 278 | 899 | 159 | 727 | 827 |
| 726 | 279 | 901 | 160 | 729 | 829 |
| 727 | 280 | 902 | 161 | 731 | 830 |
| 728 | 951 | 903 | 163 | 733 | 833 |
| 730 | 986 | 904 | 165 | 995 | 835 |
| 731 | 59037 | 906 | 166 | 996 | 839 |
| 733 | 221 | 907 | 167 | 997 | 841 |
| 734 | 222 | 908 | 435 | 998 | 842 |
| 735 | 61756 | 909 | 436 | 72000 | 844 |
| 737 | 800 | 911 | 437 | 001 | 845 |
| 738 | 62114 | 912 | 438 | 002 | 846 |
| 739 | 984 | 913 | 439 | 004 | 847 |
| 742 | 986 | 914 | 69604 | 333 | 848 |
| 743 | 63361 | 915 | 605 | 334 | 849 |
| 744 | 64304 | 916 | 608 | 335 | 851 |
| 745 | 637 | 918 | 665 | 336 | 852 |
| 746 | 748 | 919 | 666 | 525 | 853 |
| 747 | 749 | 920 | 667 | 526 | 75907 |
| 749 | 65133 | 922 | 70324 | 527 | 908 |

| NUMÉROS. | NUMÉROS. | NUMÉROS. | NUMÉROS. | NUMÉROS. | NUMÉROS. |
|---|---|---|---|---|---|
| 75985 | 76850 | 79438 | 79498 | 83764 | 85910 |
| 986 | 851 | 439 | 499 | 765 | 86235 |
| 76031 | 77100 | 440 | 500 | 766 | 240 |
| 032 | 101 | 442 | 80351 | 768 | 908 |
| 453 | 102 | 443 | 352 | 770 | 909 |
| 455 | 103 | 445 | 353 | 771 | 924 |
| 456 | 107 | 446 | 354 | 774 | 925 |
| 457 | 108 | 448 | 355 | 776 | 963 |
| 459 | 445 | 449 | 357 | 777 | 980 |
| 460 | 451 | 450 | 358 | 778 | 981 |
| 461 | 452 | 452 | 453 | 780 | 982 |
| 463 | 531 | 453 | 81217 | 784 | 983 |
| 465 | 532 | 454 | 218 | 785 | 984 |
| 466 | 893 | 455 | 219 | 788 | 985 |
| 467 | 895 | 456 | 221 | 790 | 986 |
| 468 | 897 | 463 | 222 | 791 | 988 |
| 469 | 898 | 464 | 326 | 792 | 989 |
| 471 | 900 | 465 | 397 | 808 | 990 |
| 472 | 901 | 466 | 777 | 84409 | 991 |
| 473 | 902 | 468 | 82224 | 410 | 992 |
| 474 | 78441 | 471 | 233 | 411 | 993 |
| 475 | 442 | 473 | 320 | 413 | 994 |
| 477 | 443 | 475 | 327 | 438 | 996 |
| 478 | 444 | 476 | 329 | 950 | 997 |
| 479 | 446 | 478 | 406 | 85190 | 998 |
| 480 | 447 | 482 | 407 | 205 | 999 |
| 481 | 450 | 483 | 556 | 247 | 87000 |
| 483 | 515 | 484 | 557 | 248 | 002 |
| 484 | 516 | 485 | 601 | 250 | 003 |
| 534 | 517 | 486 | 602 | 251 | 004 |
| 567 | 520 | 487 | 605 | 253 | 006 |
| 568 | 538 | 488 | 606 | 811 | 007 |
| 844 | 539 | 490 | 744 | 903 | 008 |
| 845 | 541 | 491 | 746 | 904 | 010 |
| 846 | 758 | 492 | 747 | 906 | 114 |
| 847 | 759 | 493 | 750 | 907 | 115 |
| 848 | 79436 | 495 | 753 | 908 | 116 |
| 849 | 437 | 497 | 789 | 909 | 120 |

| NUMÉROS. | NUMÉROS. | NUMÉROS. | NUMÉROS. | NUMÉROS. | NUMÉROS. |
|---|---|---|---|---|---|
| 87121 | 87218 | 88603 | 91985 | 98718 | 101088 |
| 122 | 220 | 792 | 92210 | 719 | 366 |
| 123 | 221 | 922 | 214 | 720 | 369 |
| 124 | 222 | 931 | 217 | 750 | 375 |
| 125 | 223 | 89005 | 219 | 767 | 696 |
| 126 | 225 | 151 | 93932 | 804 | 700 |
| 127 | 226 | 153 | 94420 | 99625 | 943 |
| 128 | 227 | 289 | 505 | 626 | 102160 |
| 131 | 228 | 890 | 506 | 627 | 401 |
| 134 | 229 | 891 | 507 | 628 | 403 |
| 136 | 231 | 90128 | 799 | 629 | 404 |
| 140 | 232 | 132 | 96072 | 632 | 406 |
| 141 | 233 | 172 | 073 | 633 | 408 |
| 143 | 234 | 173 | 075 | 920 | 409 |
| 144 | 235 | 91141 | 076 | 934 | 411 |
| 146 | 237 | 142 | 078 | 981 | 412 |
| 147 | 238 | 143 | 079 | 100030 | 456 |
| 149 | 242 | 145 | 080 | 031 | 458 |
| 150 | 244 | 146 | 081 | 292 | 459 |
| 152 | 245 | 147 | 173 | 294 | 461 |
| 153 | 246 | 149 | 572 | 296 | 462 |
| 154 | 247 | 150 | 853 | 298 | 463 |
| 156 | 249 | 371 | 854 | 299 | 465 |
| 157 | 250 | 375 | 855 | 300 | 466 |
| 161 | 251 | 380 | 856 | 786 | 467 |
| 163 | 252 | 414 | 857 | 790 | 103099 |
| 167 | 253 | 438 | 97309 | 791 | 100 |
| 169 | 254 | 505 | 310 | 792 | 102 |
| 173 | 256 | 506 | 311 | 794 | 103 |
| 174 | 257 | 513 | 312 | 796 | 105 |
| 177 | 258 | 514 | 318 | 797 | 106 |
| 178 | 259 | 976 | 806 | 798 | 108 |
| 183 | 312 | 977 | 807 | 799 | 104271 |
| 184 | 313 | 979 | 809 | 801 | 317 |
| 185 | 315 | 980 | 810 | 803 | 326 |
| 212 | 317 | 981 | 811 | 804 | 384 |
| 215 | 319 | 982 | 814 | 805 | 105766 |
| 216 | 343 | 984 | 815 | 837 | 767 |

| NUMÉROS. | NUMÉROS. | NUMÉROS. | NUMÉROS. | NUMÉROS. | NUMÉROS. |
|---|---|---|---|---|---|
| 105768 | 110986 | 116412 | 126697 | 131776 | 135621 |
| 769 | 987 | 117017 | 713 | 777 | 136159 |
| 770 | 988 | 132 | 127323 | 778 | 419 |
| 771 | 990 | 133 | 553 | 132378 | 137280 |
| 772 | 992 | 136 | 826 | 587 | 281 |
| 106514 | 994 | 145 | 128284 | 589 | 282 |
| 560 | 996 | 537 | 294 | 590 | 283 |
| 564 | 997 | 118200 | 300 | 592 | 284 |
| 567 | 111450 | 201 | 343 | 593 | 285 |
| 107723 | 796 | 202 | 129075 | 594 | 286 |
| 724 | 798 | 203 | 306 | 596 | 287 |
| 819 | 799 | 204 | 307 | 651 | 929 |
| 820 | 801 | 206 | 310 | 652 | 930 |
| 821 | 803 | 207 | 311 | 134044 | 931 |
| 823 | 804 | 208 | 312 | 092 | 932 |
| 824 | 112590 | 119016 | 316 | 093 | 934 |
| 825 | 591 | 017 | 317 | 095 | 935 |
| 826 | 596 | 018 | 318 | 096 | 937 |
| 827 | 597 | 408 | 319 | 097 | 938 |
| 828 | 598 | 685 | 321 | 099 | 138203 |
| 108656 | 600 | 120308 | 324 | 100 | 208 |
| 756 | 605 | 309 | 536 | 101 | 250 |
| 757 | 606 | 550 | 538 | 206 | 251 |
| 759 | 607 | 656 | 702 | 207 | 270 |
| 765 | 608 | 657 | 704 | 211 | 275 |
| 109037 | 609 | 673 | 705 | 212 | 315 |
| 041 | 115076 | 121233 | 718 | 213 | 526 |
| 042 | 077 | 122177 | 721 | 215 | 566 |
| 043 | 237 | 178 | 840 | 951 | 569 |
| 045 | 239 | 795 | 841 | 955 | 570 |
| 110504 | 240 | 797 | 843 | 997 | 571 |
| 978 | 242 | 123099 | 130944 | 998 | 574 |
| 979 | 243 | 124901 | 945 | 135563 | 575 |
| 980 | 244 | 902 | 131039 | 564 | 653 |
| 981 | 245 | 904 | 040 | 565 | 139561 |
| 982 | 116315 | 909 | 382 | 616 | 565 |
| 983 | 317 | 125488 | 771 | 617 | 603 |
| 985 | 318 | 489 | 772 | 620 | 620 |

| NUMÉROS. | NUMÉROS. | NUMÉROS. | NUMÉROS. | NUMÉROS. | NUMÉROS. |
|---|---|---|---|---|---|
| 140502 | 146120 | 153448 | 157029 | 167168 | 169707 |
| 512 | 125 | 449 | 030 | 169 | 709 |
| 522 | 126 | 450 | 031 | 171 | 950 |
| 141174 | 148 | 451 | 033 | 172 | 170565 |
| 257 | 150 | 453 | 034 | 174 | 566 |
| 838 | 151 | 454 | 035 | 175 | 570 |
| 848 | 152 | 455 | 037 | 176 | 571 |
| 852 | 153 | 455241 | 265 | 177 | 572 |
| 853 | 156 | 954 | 268 | 178 | 573 |
| 854 | 157 | 956 | 159570 | 179 | 171027 |
| 855 | 641 | 958 | 573 | 180 | 030 |
| 142433 | 646 | 960 | 574 | 181 | 172043 |
| 143429 | 722 | 961 | 576 | 183 | 044 |
| 555 | 883 | 962 | 578 | 409 | 045 |
| 557 | 884 | 963 | 160260 | 410 | 046 |
| 559 | 900 | 156273 | 262 | 413 | 365 |
| 826 | 147785 | 274 | 971 | 414 | 366 |
| 871 | 150828 | 275 | 972 | 416 | 367 |
| 144075 | 829 | 278 | 161026 | 417 | 368 |
| 076 | 151485 | 280 | 162642 | 418 | 370 |
| 077 | 486 | 281 | 643 | 168441 | 374 |
| 087 | 660 | 282 | 644 | 740 | 483 |
| 089 | 751 | 283 | 646 | 741 | 484 |
| 209 | 753 | 286 | 164824 | 742 | 486 |
| 210 | 758 | 636 | 826 | 743 | 487 |
| 211 | 760 | 637 | 828 | 744 | 488 |
| 212 | 152303 | 639 | 830 | 746 | 492 |
| 260 | 304 | 640 | 831 | 747 | 535 |
| 273 | 307 | 641 | 832 | 749 | 536 |
| 306 | 309 | 642 | 833 | 169243 | 537 |
| 316 | 153039 | 644 | 166820 | 286 | 538 |
| 317 | 040 | 157019 | 821 | 417 | 539 |
| 319 | 045 | 020 | 167067 | 698 | 540 |
| 320 | 046 | 021 | 069 | 701 | 541 |
| 145590 | 047 | 022 | 070 | 703 | 542 |
| 592 | 048 | 025 | 164 | 704 | 543 |
| 146118 | 446 | 027 | 166 | 705 | 544 |
| 119 | 447 | 028 | 167 | 706 | 628 |

| NUMÉROS. | NUMÉROS. | NUMÉROS. | NUMÉROS. | NUMÉROS. | NUMÉROS. |
|---|---|---|---|---|---|
| 172629 | 172769 | 175550 | 178780 | 184167 | 189055 |
| 631 | 770 | 551 | 179159 | 177 | 056 |
| 632 | 771 | 552 | 160 | 296 | 059 |
| 633 | 772 | 553 | 295 | 297 | 060 |
| 635 | 773 | 176206 | 431 | 185761 | 061 |
| 636 | 774 | 207 | 974 | 767 | 062 |
| 637 | 775 | 208 | 180125 | 768 | 263 |
| 638 | 776 | 210 | 682 | 769 | 264 |
| 639 | 778 | 211 | 691 | 770 | 265 |
| 640 | 779 | 213 | 696 | 186119 | 324 |
| 643 | 780 | 214 | 775 | 120 | 326 |
| 645 | 173436 | 215 | 793 | 121 | 329 |
| 646 | 683 | 216 | 803 | 124 | 332 |
| 648 | 685 | 217 | 181551 | 126 | 333 |
| 649 | 687 | 218 | 552 | 128 | 792 |
| 650 | 759 | 219 | 730 | 129 | 793 |
| 652 | 761 | 221 | 731 | 131 | 190813 |
| 655 | 762 | 604 | 732 | 136 | 191542 |
| 658 | 763 | 607 | 733 | 137 | 543 |
| 659 | 765 | 608 | 734 | 138 | 546 |
| 660 | 766 | 610 | 735 | 423 | 549 |
| 661 | 767 | 611 | 737 | 424 | 550 |
| 663 | 769 | 612 | 739 | 637 | 551 |
| 664 | 770 | 613 | 182773 | 187151 | 192213 |
| 665 | 771 | 966 | 774 | 658 | 217 |
| 666 | 773 | 967 | 775 | 664 | 221 |
| 668 | 774 | 969 | 776 | 670 | 222 |
| 669 | 775 | 970 | 777 | 772 | 193797 |
| 672 | 776 | 972 | 778 | 780 | 194010 |
| 674 | 174230 | 973 | 779 | 993 | 140 |
| 676 | 664 | 974 | 780 | 188408 | 141 |
| 677 | 665 | 975 | 781 | 410 | 142 |
| 761 | 666 | 177523 | 782 | 412 | 143 |
| 762 | 667 | 526 | 853 | 413 | 606 |
| 763 | 669 | 178730 | 856 | 415 | 920 |
| 765 | 670 | 774 | 183507 | 416 | 922 |
| 766 | 672 | 776 | 509 | 417 | 195236 |
| 767 | 673 | 779 | 510 | 189053 | 446 |

| NUMÉROS. | NUMÉROS. | NUMÉROS. | NUMÉROS. | NUMÉROS. | NUMÉROS. |
|---|---|---|---|---|---|
| 195448 | 204189 | 211739 | 217208 | 228913 | 232352 |
| 449 | 190 | 213342 | 209 | 915 | 353 |
| 451 | 192 | 423 | 210 | 229133 | 355 |
| 453 | 193 | 424 | 211 | 134 | 356 |
| 454 | 194 | 425 | 212 | 136 | 358 |
| 455 | 195 | 428 | 213 | 188 | 359 |
| 669 | 995 | 429 | 214 | 192 | 360 |
| 842 | 996 | 430 | 649 | 194 | 361 |
| 196467 | 205060 | 431 | 650 | 195 | 363 |
| 197198 | 383 | 432 | 218721 | 197 | 364 |
| 201 | 384 | 433 | 722 | 420 | 365 |
| 203 | 386 | 434 | 724 | 421 | 233377 |
| 206 | 801 | 437 | 725 | 422 | 620 |
| 207 | 804 | 439 | 220709 | 423 | 639 |
| 199526 | 805 | 442 | 223485 | 425 | 640 |
| 527 | 206671 | 999 | 486 | 426 | 641 |
| 528 | 673 | 214000 | 487 | 427 | 827 |
| 529 | 676 | 001 | 225035 | 428 | 829 |
| 531 | 678 | 002 | 221 | 580 | 830 |
| 532 | 679 | 003 | 223 | 581 | 831 |
| 201214 | 825 | 005 | 226 | 582 | 867 |
| 215 | 919 | 006 | 228 | 583 | 999 |
| 216 | 207020 | 008 | 229 | 585 | 234000 |
| 217 | 023 | 215892 | 230 | 589 | 236 |
| 221 | 024 | 893 | 548 | 230265 | 237 |
| 222 | 769 | 216006 | 226239 | 268 | 238 |
| 223 | 781 | 007 | 532 | 231439 | 239 |
| 390 | 924 | 010 | 533 | 695 | 240 |
| 394 | 208005 | 011 | 227922 | 792 | 241 |
| 584 | 364 | 012 | 923 | 793 | 243 |
| 203122 | 210892 | 013 | 926 | 805 | 244 |
| 204177 | 211158 | 014 | 927 | 232003 | 438 |
| 178 | 159 | 015 | 928 | 007 | 439 |
| 181 | 669 | 432 | 929 | 034 | 440 |
| 184 | 714 | 433 | 930 | 155 | 442 |
| 185 | 730 | 217205 | 228511 | 163 | 443 |
| 187 | 731 | 206 | 512 | 164 | 444 |
| 188 | 738 | 207 | 513 | 351 | 446 |

| NUMÉROS. | NUMÉROS. | NUMÉROS. | NUMÉROS. | NUMÉROS. | NUMÉROS. |
|---|---|---|---|---|---|
| 234447 | 241525 | 249193 | 249862 | 252355 | 254932 |
| 585 | 526 | 194 | 864 | 356 | 933 |
| 596 | 527 | 808 | 865 | 445 | 934 |
| 598 | 530 | 810 | 866 | 446 | 935 |
| 599 | 531 | 811 | 867 | 447 | 936 |
| 600 | 550 | 812 | 868 | 448 | 937 |
| 601 | 242032 | 814 | 870 | 449 | 938 |
| 602 | 243342 | 815 | 871 | 450 | 939 |
| 603 | 345 | 816 | 873 | 451 | 940 |
| 236029 | 347 | 817 | 874 | 452 | 941 |
| 030 | 348 | 818 | 875 | 454 | 942 |
| 031 | 350 | 819 | 876 | 711 | 256162 |
| 032 | 351 | 821 | 877 | 713 | 164 |
| 033 | 372 | 822 | 981 | 719 | 165 |
| 034 | 244014 | 823 | 982 | 720 | 166 |
| 035 | 298 | 826 | 250629 | 721 | 167 |
| 036 | 814 | 827 | 630 | 723 | 168 |
| 037 | 815 | 828 | 631 | 724 | 169 |
| 237128 | 985 | 830 | 632 | 726 | 170 |
| 130 | 245407 | 831 | 251064 | 727 | 639 |
| 238802 | 408 | 833 | 065 | 728 | 640 |
| 803 | 410 | 834 | 071 | 729 | 644 |
| 804 | 540 | 836 | 072 | 730 | 647 |
| 805 | 247661 | 838 | 957 | 731 | 648 |
| 807 | 662 | 839 | 252093 | 733 | 257166 |
| 810 | 663 | 840 | 095 | 736 | 258840 |
| 811 | 664 | 841 | 096 | 738 | 259516 |
| 239137 | 665 | 846 | 097 | 744 | 776 |
| 358 | 666 | 847 | 098 | 254284 | 777 |
| 360 | 667 | 848 | 099 | 285 | 918 |
| 361 | 668 | 850 | 100 | 286 | 919 |
| 364 | 669 | 851 | 101 | 288 | 982 |
| 365 | 249186 | 854 | 102 | 652 | 983 |
| 240212 | 187 | 855 | 143 | 747 | 260598 |
| 215 | 189 | 856 | 145 | 748 | 599 |
| 216 | 190 | 858 | 146 | 853 | 261927 |
| 241523 | 191 | 859 | 149 | 854 | 928 |
| 524 | 192 | 861 | 150 | 931 | 929 |

| NUMÉROS. | NUMÉROS. | NUMÉROS. | NUMÉROS. | NUMÉROS. | NUMÉROS. |
|---|---|---|---|---|---|
| 261930 | 264630 | 266499 | 269861 | 275435 | 280808 |
| 931 | 885 | 500 | 941 | 436 | 809 |
| 933 | 886 | 501 | 270005 | 437 | 810 |
| 262227 | 888 | 502 | 006 | 767 | 811 |
| 228 | 889 | 503 | 758 | 769 | 812 |
| 229 | 890 | 555 | 759 | 770 | 813 |
| 231 | 892 | 556 | 760 | 780 | 814 |
| 232 | 265042 | 557 | 761 | 781 | 815 |
| 233 | 044 | 560 | 762 | 783 | 281921 |
| 235 | 045 | 561 | 763 | 886 | 922 |
| 236 | 047 | 562 | 764 | 959 | 923 |
| 263007 | 048 | 930 | 768 | 960 | 925 |
| 008 | 049 | 931 | 769 | 961 | 928 |
| 009 | 050 | 267214 | 770 | 962 | 930 |
| 010 | 051 | 216 | 772 | 964 | 282322 |
| 012 | 149 | 217 | 773 | 966 | 323 |
| 014 | 150 | 462 | 774 | 967 | 324 |
| 015 | 152 | 463 | 775 | 968 | 325 |
| 016 | 153 | 466 | 776 | 970 | 326 |
| 257 | 154 | 467 | 777 | 276092 | 329 |
| 258 | 155 | 652 | 271144 | 093 | 430 |
| 259 | 156 | 762 | 145 | 094 | 538 |
| 261 | 157 | 268526 | 147 | 095 | 726 |
| 262 | 159 | 527 | 148 | 124 | 283089 |
| 264 | 160 | 528 | 520 | 168 | 091 |
| 264059 | 161 | 529 | 272046 | 256 | 092 |
| 061 | 162 | 530 | 047 | 464 | 095 |
| 179 | 163 | 531 | 048 | 280070 | 096 |
| 180 | 273 | 532 | 049 | 071 | 097 |
| 181 | 274 | 533 | 050 | 072 | 377 |
| 182 | 275 | 534 | 054 | 074 | 379 |
| 183 | 698 | 535 | 275253 | 075 | 549 |
| 185 | 699 | 269215 | 254 | 077 | 551 |
| 188 | 266494 | 216 | 256 | 078 | 553 |
| 624 | 495 | 217 | 257 | 079 | 554 |
| 625 | 496 | 846 | 280 | 660 | 594 |
| 626 | 497 | 851 | 281 | 661 | 703 |
| 628 | 498 | 860 | 283 | 806 | 704 |

| NUMÉROS. | NUMÉROS. | NUMÉROS. | NUMÉROS. | NUMÉROS. | NUMÉROS. |
|---|---|---|---|---|---|
| 284307 | 292970 | 302998 | 306621 | 309445 | 318596 |
| 310 | 293483 | 303807 | 622 | 447 | 597 |
| 312 | 718 | 304479 | 662 | 593 | 599 |
| 313 | 846 | 645 | 719 | 617 | 945 |
| 314 | 848 | 730 | 727 | 679 | 319168 |
| 646 | 294516 | 731 | 735 | 888 | 173 |
| 288521 | 845 | 732 | 307054 | 310309 | 174 |
| 522 | 860 | 734 | 055 | 761 | 220 |
| 290066 | 915 | 736 | 057 | 781 | 224 |
| 182 | 930 | 737 | 058 | 887 | 297 |
| 383 | 295005 | 305361 | 072 | 311647 | 304 |
| 384 | 296333 | 362 | 073 | 957 | 314 |
| 386 | 505 | 365 | 074 | 312035 | 441 |
| 387 | 520 | 366 | 250 | 122 | 442 |
| 388 | 297999 | 367 | 251 | 160 | 443 |
| 389 | 298084 | 368 | 253 | 161 | 444 |
| 390 | 085 | 369 | 254 | 162 | 500 |
| 391 | 086 | 541 | 277 | 163 | 320057 |
| 392 | 087 | 605 | 278 | 181 | 124 |
| 450 | 089 | 628 | 514 | 182 | 146 |
| 701 | 090 | 630 | 591 | 313856 | 148 |
| 702 | 091 | 656 | 712 | 315651 | 662 |
| 703 | 092 | 672 | 869 | 317048 | 663 |
| 704 | 093 | 690 | 308470 | 049 | 672 |
| 708 | 263 | 694 | 723 | 051 | 674 |
| 709 | 654 | 735 | 724 | 053 | 791 |
| 291453 | 920 | 760 | 725 | 054 | 792 |
| 454 | 921 | 772 | 728 | 055 | 793 |
| 292548 | 299331 | 854 | 731 | 057 | 934 |
| 572 | 332 | 877 | 732 | 088 | 935 |
| 961 | 333 | 976 | 812 | 089 | 321093 |
| 962 | 480 | 306027 | 813 | 095 | 210 |
| 963 | 512 | 045 | 865 | 097 | 211 |
| 964 | 300060 | 055 | 869 | 318420 | 215 |
| 965 | 301211 | 135 | 907 | 590 | 216 |
| 966 | 363 | 383 | 949 | 592 | 217 |
| 967 | 302631 | 387 | 309330 | 593 | 263 |
| 969 | 632 | 614 | 385 | 594 | 322185 |

| NUMÉROS. | NUMÉROS. | NUMÉROS. | NUMÉROS. | NUMÉROS. | NUMÉROS. |
|---|---|---|---|---|---|
| 322189 | 326226 | 328248 | 330495 | 330757 | 333673 |
| 299 | 337 | 295 | 706 | 759 | 749 |
| 381 | 338 | 377 | 707 | 763 | 759 |
| 395 | 340 | 467 | 708 | 765 | 760 |
| 396 | 341 | 822 | 709 | 791 | 779 |
| 436 | 347 | 823 | 710 | 793 | 780 |
| 437 | 348 | 838 | 711 | 794 | 884 |
| 613 | 349 | 892 | 713 | 796 | 891 |
| 323200 | 351 | 900 | 714 | 798 | 892 |
| 201 | 571 | 329024 | 715 | 799 | 334264 |
| 202 | 631 | 027 | 716 | 801 | 348 |
| 203 | 327167 | 132 | 717 | 804 | 392 |
| 204 | 196 | 133 | 718 | 806 | 583 |
| 205 | 283 | 134 | 719 | 807 | 585 |
| 206 | 383 | 141 | 720 | 808 | 335199 |
| 208 | 425 | 144 | 721 | 809 | 202 |
| 209 | 483 | 255 | 722 | 810 | 289 |
| 310 | 532 | 370 | 723 | 811 | 290 |
| 696 | 669 | 506 | 725 | 812 | 291 |
| 698 | 671 | 507 | 726 | 814 | 292 |
| 699 | 673 | 509 | 727 | 331249 | 298 |
| 324281 | 674 | 510 | 728 | 250 | 299 |
| 627 | 675 | 511 | 729 | 781 | 300 |
| 687 | 676 | 513 | 731 | 783 | 367 |
| 712 | 678 | 514 | 733 | 784 | 368 |
| 716 | 909 | 527 | 734 | 786 | 376 |
| 874 | 911 | 528 | 735 | 787 | 590 |
| 325043 | 912 | 529 | 736 | 788 | 768 |
| 199 | 913 | 602 | 737 | 332611 | 808 |
| 200 | 915 | 657 | 738 | 620 | 896 |
| 330 | 916 | 710 | 741 | 763 | 899 |
| 331 | 917 | 886 | 742 | 906 | 900 |
| 333 | 328239 | 887 | 744 | 333024 | 976 |
| 924 | 240 | 330165 | 746 | 110 | 978 |
| 925 | 242 | 199 | 751 | 227 | 336256 |
| 926 | 243 | 244 | 753 | 418 | 260 |
| 326222 | 244 | 467 | 755 | 665 | 397 |
| 223 | 247 | 493 | 756 | 666 | 398 |

| NUMÉROS. | NUMÉROS. | NUMÉROS. | NUMÉROS. | NUMÉROS. | NUMÉROS. |
|---|---|---|---|---|---|
| 336515 | 339056 | 342356 | 346406 | 348767 | 350508 |
| 536 | 125 | 358 | 748 | 349086 | 511 |
| 537 | 271 | 612 | 954 | 087 | 758 |
| 596 | 272 | 613 | 347153 | 128 | 778 |
| 607 | 273 | 737 | 154 | 141 | 351274 |
| 878 | 275 | 985 | 488 | 166 | 753 |
| 879 | 405 | 343216 | 491 | 198 | 754 |
| 891 | 638 | 294 | 601 | 202 | 758 |
| 337049 | 639 | 382 | 602 | 203 | 759 |
| 111 | 640 | 420 | 603 | 288 | 760 |
| 358 | 643 | 449 | 604 | 333 | 866 |
| 376 | 644 | 530 | 605 | 334 | 869 |
| 476 | 645 | 594 | 607 | 335 | 352143 |
| 512 | 647 | 601 | 608 | 336 | 162 |
| 842 | 340108 | 613 | 609 | 337 | 353149 |
| 996 | 206 | 722 | 610 | 338 | 153 |
| 338035 | 207 | 757 | 612 | 339 | 211 |
| 401 | 291 | 848 | 614 | 340 | 212 |
| 403 | 458 | 976 | 615 | 341 | 213 |
| 404 | 459 | 977 | 698 | 342 | 752 |
| 405 | 509 | 978 | 800 | 822 | 354624 |
| 406 | 511 | 979 | 821 | 823 | 687 |
| 407 | 515 | 344228 | 825 | 847 | 860 |
| 410 | 516 | 238 | 830 | 867 | 864 |
| 441 | 519 | 372 | 843 | 891 | 865 |
| 443 | 985 | 373 | 935 | 350069 | 866 |
| 445 | 341260 | 387 | 348045 | 191 | 867 |
| 446 | 771 | 536 | 135 | 195 | 868 |
| 448 | 774 | 802 | 159 | 261 | 869 |
| 449 | 775 | 873 | 201 | 331 | 870 |
| 450 | 776 | 876 | 263 | 332 | 871 |
| 621 | 777 | 877 | 371 | 334 | 873 |
| 339048 | 779 | 880 | 613 | 495 | 874 |
| 049 | 780 | 881 | 644 | 497 | 875 |
| 051 | 993 | 345334 | 687 | 498 | 877 |
| 052 | 994 | 627 | 758 | 499 | 878 |
| 053 | 342070 | 628 | 759 | 500 | 879 |
| 054 | 073 | 927 | 766 | 507 | 355779 |

| NUMÉROS. | NUMÉROS. | NUMÉROS. | NUMÉROS. | NUMÉROS. | NUMÉROS. |
|---|---|---|---|---|---|
| 355957 | 359794 | 364372 | 367792 | 370339 | 373893 |
| 958 | 796 | 407 | 794 | 340 | 374863 |
| 970 | 797 | 426 | 368395 | 935 | 375337 |
| 356083 | 799 | 427 | 657 | 960 | 410 |
| 106 | 800 | 428 | 369007 | 966 | 474 |
| 566 | 803 | 365109 | 029 | 371868 | 745 |
| 567 | 884 | 111 | 030 | 372135 | 747 |
| 624 | 885 | 112 | 031 | 996 | 376127 |
| 801 | 886 | 114 | 032 | 997 | 202 |
| 825 | 889 | 116 | 033 | 373048 | 834 |
| 826 | 890 | 118 | 035 | 049 | 835 |
| 891 | 891 | 366084 | 036 | 053 | 837 |
| 357302 | 892 | 095 | 037 | 540 | 838 |
| 571 | 894 | 428 | 038 | 543 | 377364 |
| 587 | 896 | 437 | 039 | 623 | 835 |
| 665 | 897 | 678 | 040 | 624 | 962 |
| 358655 | 901 | 752 | 041 | 625 | 378078 |
| 738 | 902 | 779 | 042 | 626 | 091 |
| 778 | 360177 | 792 | 044 | 627 | 092 |
| 789 | 341 | 367348 | 045 | 628 | 093 |
| 791 | 342 | 349 | 047 | 629 | 094 |
| 359005 | 597 | 351 | 072 | 630 | 096 |
| 008 | 839 | 352 | 209 | 631 | 695 |
| 094 | 361506 | 353 | 984 | 632 | 696 |
| 240 | 511 | 355 | 985 | 874 | 703 |
| 278 | 550 | 356 | 986 | 875 | 704 |
| 312 | 757 | 357 | 989 | 876 | 779 |
| 421 | 362375 | 358 | 990 | 877 | 780 |
| 441 | 592 | 359 | 991 | 878 | 924 |
| 543 | 363226 | 360 | 992 | 879 | 379407 |
| 734 | 228 | 361 | 993 | 881 | 461 |
| 784 | 229 | 362 | 370153 | 882 | 462 |
| 786 | 294 | 364 | 330 | 884 | 484 |
| 787 | 296 | 365 | 333 | 887 | 485 |
| 789 | 596 | 367 | 334 | 888 | 486 |
| 790 | 364055 | 435 | 335 | 890 | 487 |
| 791 | 075 | 615 | 336 | 891 | 489 |
| 792 | 235 | 706 | 338 | 892 | 493 |

| NUMÉROS. | NUMÉROS. | NUMÉROS. | NUMÉROS. | NUMÉROS. | NUMÉROS. |
|---|---|---|---|---|---|
| 380079 | 380749 | 381264 | 383129 | 383635 | 384049 |
| 109 | 750 | 265 | 267 | 637 | 050 |
| 110 | 851 | 382200 | 450 | 384044 | 051 |
| 117 | 971 | 668 | 624 | 045 | 052 |
| 118 | 972 | 785 | 632 | 046 | 053 |
| 159 | 381053 | 383022 | 633 | 047 | |
| 180 | 262 | 122 | 634 | 048 | |

Total 3406 Numéros.

## SECONDE SOCIÉTÉ.

CLASSE DES JEUNES.

# DÉCÈS

*qui s'appliquent à des rentes tombées en déchéance dans les Exercices précédents.*

| NUMÉROS. | NUMÉROS. | NUMÉROS. | NUMÉROS. | NUMÉROS. | NUMÉROS. |
|---|---|---|---|---|---|
| 140 | 27405 | 57763 | 74176 | 89140 | 118613 |
| 142 | 28120 | 60243 | 177 | 181 | 121674 |
| 1416 | 30022 | 244 | 184 | 95047 | 759 |
| 4931 | 761 | 62329 | 496 | 98849 | 761 |
| 6979 | 32373 | 332 | 75377 | 852 | 762 |
| 7248 | 381 | 336 | 382 | 857 | 763 |
| 557 | 34048 | 338 | 383 | 858 | 122162 |
| 561 | 630 | 63658 | 385 | 100763 | 175 |
| 8158 | 35024 | 738 | 77087 | 103275 | 124276 |
| 11213 | 459 | 65354 | 159 | 613 | 277 |
| 217 | 926 | 355 | 989 | 614 | 311 |
| 14652 | 927 | 360 | 78354 | 649 | 312 |
| 659 | 36225 | 364 | 406 | 919 | 125443 |
| 660 | 555 | 374 | 79493 | 921 | 944 |
| 17197 | 557 | 376 | 809 | 109373 | 945 |
| 491 | 870 | 377 | 810 | 112008 | 947 |
| 18807 | 38644 | 381 | 811 | 020 | 127669 |
| 20878 | 652 | 383 | 812 | 225 | 670 |
| 23476 | 39190 | 72233 | 813 | 116180 | 671 |
| 478 | 194 | 234 | 814 | 181 | 673 |
| 591 | 40422 | 235 | 827 | 118588 | 128990 |
| 592 | 424 | 349 | 835 | 589 | 129000 |
| 24382 | 42346 | 74165 | 837 | 590 | 003 |
| 25587 | 402 | 167 | 841 | 592 | 006 |
| 26049 | 49915 | 168 | 851 | 595 | 009 |
| 27397 | 916 | 169 | 862 | 598 | 135393 |
| 400 | 921 | 173 | 80493 | 604 | 394 |
| 401 | 925 | 174 | 82097 | 608 | 423 |
| 404 | 57347 | 175 | 89139 | 609 | 137529 |

| NUMÉROS. | NUMÉROS. | NUMÉROS. | NUMÉROS. | NUMÉROS. | NUMÉROS. |
|---|---|---|---|---|---|
| 141010 | 141517 | 151486 | 156775 | 158181 | 159439 |
| 515 | 616 | 563 | 776 | 182 | |
| 516 | 145681 | 156636 | 158065 | 183 | |

Total 190 Rentes.

## SECONDE SOCIÉTÉ.  CLASSE DES JEUNES.

## DÉCÈS SURVENUS PENDANT L'EXERCICE 1849

*Lesquels s'appliquent à des rentes en activité.*

(54e exercice de cette Société.)

| NUMÉROS. | NUMÉROS. | NUMÉROS. | NUMÉROS. | NUMÉROS. | NUMÉROS. |
|---|---|---|---|---|---|
| 539 | 795 | 3767 | 9994 | 10728 | 13701 |
| 540 | 796 | 793 | 996 | 11039 | 702 |
| 542 | 797 | 6210 | 10192 | 040 | 703 |
| 545 | 798 | 211 | 193 | 042 | 705 |
| 546 | 799 | 255 | 194 | 043 | 706 |
| 547 | 800 | 256 | 195 | 044 | 707 |
| 548 | 801 | 260 | 197 | 047 | 719 |
| 549 | 803 | 7758 | 207 | 255 | 720 |
| 550 | 804 | 8106 | 208 | 256 | 946 |
| 551 | 1117 | 108 | 209 | 257 | 947 |
| 554 | 118 | 109 | 210 | 258 | 14340 |
| 557 | 120 | 110 | 211 | 259 | 341 |
| 558 | 121 | 193 | 212 | 260 | 343 |
| 559 | 122 | 196 | 213 | 262 | 344 |
| 560 | 123 | 198 | 214 | 265 | 345 |
| 562 | 126 | 199 | 356 | 388 | 346 |
| 563 | 863 | 202 | 357 | 389 | 347 |
| 566 | 3041 | 9445 | 358 | 12249 | 348 |
| 569 | 042 | 446 | 362 | 709 | 349 |
| 571 | 085 | 447 | 363 | 710 | 509 |
| 572 | 086 | 448 | 365 | 13111 | 510 |
| 573 | 654 | 488 | 710 | 113 | 511 |
| 574 | 655 | 489 | 712 | 114 | 512 |
| 575 | 656 | 490 | 714 | 115 | 513 |
| 576 | 662 | 491 | 715 | 116 | 514 |
| 577 | 665 | 730 | 717 | 118 | 515 |
| 578 | 667 | 989 | 718 | 119 | 517 |
| 704 | 669 | 990 | 719 | 698 | 548 |
| 705 | 676 | 992 | 720 | 699 | 775 |
| 706 | 677 | 993 | 721 | 700 | 776 |

| NUMÉROS. | NUMÉROS. | NUMÉROS. | NUMÉROS. | NUMÉROS. | NUMÉROS. |
|---|---|---|---|---|---|
| 14777 | 21296 | 23394 | 29649 | 33332 | 37110 |
| 778 | 298 | 395 | 650 | 801 | 114 |
| 780 | 299 | 396 | 651 | 34374 | 235 |
| 781 | 300 | 397 | 30499 | 377 | 768 |
| 783 | 301 | 398 | 501 | 378 | 794 |
| 784 | 303 | 399 | 502 | 381 | 828 |
| 15327 | 305 | 400 | 584 | 382 | 830 |
| 400 | 306 | 401 | 585 | 431 | 831 |
| 401 | 307 | 402 | 586 | 518 | 832 |
| 404 | 309 | 404 | 587 | 557 | 833 |
| 405 | 310 | 24194 | 588 | 559 | 834 |
| 830 | 311 | 377 | 589 | 560 | 835 |
| 835 | 312 | 785 | 590 | 35182 | 837 |
| 17176 | 313 | 788 | 591 | 592 | 853 |
| 177 | 314 | 790 | 592 | 902 | 854 |
| 178 | 316 | 791 | 625 | 903 | 855 |
| 179 | 317 | 792 | 626 | 981 | 38373 |
| 181 | 319 | 798 | 627 | 982 | 542 |
| 182 | 321 | 799 | 628 | 983 | 543 |
| 183 | 322 | 801 | 629 | 984 | 39172 |
| 184 | 323 | 802 | 631 | 986 | 445 |
| 187 | 22976 | 878 | 632 | 987 | 446 |
| 188 | 977 | 879 | 634 | 989 | 40648 |
| 189 | 23366 | 27886 | 864 | 990 | 649 |
| 190 | 367 | 28166 | 865 | 991 | 652 |
| 193 | 368 | 29498 | 867 | 995 | 653 |
| 195 | 369 | 499 | 868 | 996 | 723 |
| 18049 | 370 | 500 | 870 | 998 | 724 |
| 052 | 371 | 501 | 871 | 999 | 826 |
| 054 | 372 | 502 | 32146 | 36000 | 827 |
| 056 | 373 | 503 | 627 | 002 | 828 |
| 058 | 374 | 505 | 629 | 003 | 829 |
| 610 | 375 | 642 | 632 | 004 | 917 |
| 863 | 386 | 643 | 633 | 006 | 918 |
| 19661 | 387 | 644 | 634 | 007 | 920 |
| 20086 | 388 | 645 | 635 | 008 | 921 |
| 134 | 390 | 646 | 636 | 009 | 922 |
| 868 | 393 | 647 | 912 | 010 | 923 |

| NUMÉROS. | NUMÉROS. | NUMÉROS. | NUMÉROS. | NUMÉROS. | NUMÉROS. |
|---|---|---|---|---|---|
| 40925 | 46956 | 49636 | 52264 | 56471 | 58484 |
| 41014 | 957 | 638 | 265 | 473 | 485 |
| 209 | 959 | 954 | 267 | 474 | 486 |
| 308 | 960 | 955 | 269 | 638 | 487 |
| 309 | 962 | 957 | 271 | 639 | 491 |
| 42019 | 963 | 958 | 272 | 643 | 686 |
| 020 | 964 | 50352 | 273 | 658 | 687 |
| 022 | 965 | 439 | 274 | 699 | 59357 |
| 023 | 966 | 51699 | 292 | 730 | 358 |
| 347 | 967 | 969 | 331 | 57232 | 359 |
| 581 | 969 | 973 | 894 | 234 | 360 |
| 582 | 970 | 52225 | 895 | 236 | 361 |
| 617 | 973 | 228 | 896 | 237 | 362 |
| 618 | 47088 | 229 | 897 | 238 | 365 |
| 810 | 087 | 231 | 898 | 240 | 367 |
| 45054 | 089 | 232 | 900 | 241 | 371 |
| 564 | 090 | 234 | 901 | 462 | 372 |
| 586 | 797 | 235 | 902 | 463 | 373 |
| 588 | 798 | 236 | 903 | 464 | 374 |
| 727 | 48166 | 237 | 53256 | 538 | 60393 |
| 729 | 343 | 238 | 281 | 539 | 965 |
| 730 | 366 | 239 | 706 | 542 | 62010 |
| 731 | 771 | 240 | 55896 | 543 | 012 |
| 735 | 49042 | 241 | 898 | 580 | 554 |
| 737 | 043 | 243 | 899 | 689 | 612 |
| 738 | 044 | 245 | 900 | 690 | 727 |
| 739 | 045 | 246 | 902 | 691 | 63080 |
| 740 | 046 | 247 | 905 | 692 | 081 |
| 741 | 047 | 248 | 56105 | 693 | 137 |
| 742 | 048 | 250 | 129 | 694 | 159 |
| 743 | 049 | 252 | 308 | 695 | 225 |
| 744 | 050 | 253 | 330 | 696 | 538 |
| 843 | 051 | 254 | 332 | 697 | 821 |
| 845 | 629 | 255 | 440 | 699 | 942 |
| 46204 | 630 | 256 | 441 | 700 | 943 |
| 205 | 631 | 257 | 442 | 718 | 944 |
| 206 | 633 | 259 | 446 | 58223 | 945 |
| 954 | 635 | 261 | 467 | 482 | 947 |

| NUMÉROS. | NUMÉROS. | NUMÉROS. | NUMÉROS. | NUMÉROS. | NUMÉROS. |
|---|---|---|---|---|---|
| 63948 | 66415 | 68914 | 71293 | 77064 | 79564 |
| 949 | 502 | 69047 | 294 | 065 | 80142 |
| 950 | 864 | 069 | 295 | 067 | 168 |
| 951 | 865 | 071 | 296 | 068 | 231 |
| 952 | 867 | 134 | 298 | 070 | 428 |
| 953 | 868 | 353 | 360 | 071 | 474 |
| 954 | 869 | 453 | 362 | 072 | 475 |
| 955 | 871 | 454 | 364 | 134 | 476 |
| 956 | 873 | 455 | 365 | 776 | 478 |
| 957 | 67600 | 456 | 366 | 777 | 479 |
| 958 | 626 | 558 | 367 | 778 | 480 |
| 959 | 629 | 559 | 368 | 780 | 484 |
| 960 | 867 | 560 | 400 | 78594 | 486 |
| 961 | 890 | 567 | 402 | 595 | 487 |
| 962 | 892 | 568 | 403 | 596 | 489 |
| 965 | 68416 | 569 | 404 | 826 | 490 |
| 966 | 438 | 70618 | 539 | 871 | 491 |
| 967 | 440 | 619 | 561 | 872 | 492 |
| 968 | 475 | 620 | 629 | 873 | 493 |
| 971 | 725 | 621 | 694 | 874 | 81774 |
| 64314 | 890 | 622 | 695 | 875 | 82178 |
| 315 | 892 | 624 | 755 | 877 | 627 |
| 316 | 893 | 625 | 72035 | 878 | 728 |
| 318 | 894 | 626 | 036 | 879 | 729 |
| 321 | 895 | 792 | 273 | 880 | 762 |
| 322 | 897 | 793 | 277 | 881 | 83429 |
| 460 | 898 | 794 | 843 | 882 | 442 |
| 482 | 899 | 71111 | 73448 | 883 | 443 |
| 606 | 900 | 112 | 74318 | 884 | 445 |
| 65087 | 901 | 113 | 319 | 885 | 446 |
| 258 | 902 | 163 | 320 | 886 | 447 |
| 266 | 904 | 164 | 324 | 887 | 448 |
| 267 | 906 | 177 | 469 | 889 | 449 |
| 867 | 907 | 178 | 683 | 890 | 451 |
| 868 | 908 | 179 | 684 | 79304 | 453 |
| 895 | 910 | 290 | 76954 | 308 | 454 |
| 66177 | 911 | 291 | 955 | 352 | 456 |
| 392 | 913 | 292 | 963 | 563 | 458 |

| NUMÉROS. | NUMÉROS. | NUMÉROS. | NUMÉROS | NUMÉROS. | NUMÉROS. |
|---|---|---|---|---|---|
| 83459 | 85858 | 87986 | 92765 | 98706 | 104680 |
| 460 | 859 | 987 | 766 | 709 | 681 |
| 461 | 86100 | 988 | 773 | 781 | 682 |
| 462 | 102 | 989 | 775 | 782 | 683 |
| 463 | 103 | 990 | 932 | 100284 | 685 |
| 464 | 104 | 991 | 933 | 285 | 686 |
| 466 | 191 | 88082 | 93597 | 101206 | 687 |
| 467 | 192 | 085 | 599 | 818 | 688 |
| 479 | 193 | 326 | 703 | 819 | 689 |
| 481 | 194 | 716 | 704 | 820 | 690 |
| 491 | 199 | 717 | 754 | 823 | 691 |
| 492 | 200 | 762 | 758 | 102220 | 692 |
| 493 | 201 | 765 | 759 | 222 | 693 |
| 494 | 665 | 766 | 95314 | 512 | 694 |
| 495 | 690 | 89533 | 316 | 941 | 696 |
| 496 | 692 | 534 | 317 | 942 | 697 |
| 497 | 858 | 597 | 318 | 946 | 698 |
| 499 | 860 | 601 | 319 | 103570 | 699 |
| 500 | 861 | 624 | 320 | 571 | 700 |
| 84316 | 862 | 625 | 321 | 635 | 701 |
| 330 | 920 | 90723 | 322 | 849 | 702 |
| 332 | 922 | 731 | 323 | 104365 | 703 |
| 471 | 87542 | 735 | 644 | 367 | 704 |
| 982 | 543 | 757 | 673 | 368 | 705 |
| 983 | 544 | 91141 | 674 | 369 | 706 |
| 85342 | 597 | 144 | 677 | 370 | 707 |
| 778 | 601 | 145 | 678 | 371 | 105714 |
| 779 | 635 | 151 | 97245 | 372 | 106404 |
| 780 | 655 | 152 | 247 | 373 | 422 |
| 781 | 657 | 178 | 334 | 418 | 423 |
| 785 | 673 | 179 | 335 | 419 | 424 |
| 787 | 885 | 442 | 337 | 420 | 425 |
| 812 | 890 | 464 | 343 | 422 | 426 |
| 827 | 894 | 466 | 344 | 423 | 427 |
| 852 | 982 | 92677 | 345 | 425 | 428 |
| 854 | 983 | 678 | 915 | 426 | 429 |
| 855 | 984 | 679 | 98011 | 427 | 430 |
| 856 | 985 | 764 | 012 | 679 | 442 |

| NUMÉROS. | NUMÉROS. | NUMÉROS. | NUMÉROS. | NUMÉROS. | NUMÉROS. |
|---|---|---|---|---|---|
| 106444 | 109000 | 110047 | 113863 | 120297 | 124986 |
| 447 | 002 | 201 | 114352 | 600 | 987 |
| 448 | 010 | 246 | 365 | 604 | 989 |
| 449 | 012 | 247 | 369 | 707 | 125653 |
| 450 | 014 | 111108 | 976 | 804 | 655 |
| 451 | 015 | 132 | 978 | 809 | 657 |
| 452 | 016 | 554 | 117102 | 810 | 755 |
| 453 | 017 | 555 | 103 | 870 | 126508 |
| 454 | 018 | 615 | 104 | 996 | 509 |
| 455 | 170 | 616 | 105 | 121031 | 578 |
| 456 | 210 | 619 | 106 | 042 | 127052 |
| 457 | 506 | 620 | 328 | 045 | 055 |
| 458 | 507 | 821 | 428 | 046 | 056 |
| 460 | 508 | 822 | 779 | 856 | 057 |
| 461 | 912 | 823 | 827 | 902 | 059 |
| 107116 | 913 | 824 | 828 | 122289 | 060 |
| 117 | 914 | 825 | 858 | 831 | 061 |
| 616 | 916 | 826 | 863 | 872 | 345 |
| 617 | 917 | 829 | 864 | 873 | 762 |
| 618 | 918 | 830 | 867 | 875 | 896 |
| 619 | 919 | 848 | 983 | 876 | 897 |
| 621 | 920 | 112042 | 985 | 877 | 898 |
| 622 | 921 | 103 | 986 | 878 | 128535 |
| 623 | 922 | 104 | 994 | 123043 | 751 |
| 624 | 923 | 233 | 995 | 165 | 752 |
| 625 | 924 | 409 | 997 | 216 | 753 |
| 810 | 926 | 113178 | 998 | 218 | 755 |
| 874 | 928 | 182 | 118542 | 343 | 841 |
| 879 | 930 | 183 | 952 | 367 | 843 |
| 924 | 931 | 207 | 119275 | 368 | 863 |
| 108027 | 974 | 479 | 345 | 442 | 129320 |
| 630 | 110040 | 491 | 346 | 443 | 321 |
| 631 | 041 | 492 | 348 | 447 | 418 |
| 716 | 042 | 493 | 349 | 124152 | 419 |
| 739 | 043 | 788 | 350 | 980 | 420 |
| 741 | 044 | 789 | 352 | 981 | 421 |
| 875 | 045 | 790 | 354 | 983 | 426 |
| 999 | 046 | 791 | 120295 | 984 | 428 |

| NUMÉROS. | NUMÉROS. | NUMÉROS. | NUMÉROS. | NUMÉROS. | NUMÉROS. |
|---|---|---|---|---|---|
| 129429 | 131209 | 140348 | 144770 | 149949 | 153154 |
| 581 | 212 | 350 | 771 | 955 | 155 |
| 130082 | 657 | 351 | 772 | 956 | 156 |
| 084 | 658 | 141299 | 773 | 975 | 159 |
| 086 | 662 | 300 | 775 | 150113 | 161 |
| 087 | 909 | 301 | 776 | 116 | 162 |
| 088 | 133534 | 302 | 777 | 118 | 163 |
| 090 | 535 | 303 | 145329 | 277 | 165 |
| 091 | 536 | 304 | 437 | 151123 | 166 |
| 092 | 537 | 305 | 146199 | 125 | 168 |
| 093 | 538 | 306 | 200 | 813 | 170 |
| 095 | 540 | 307 | 201 | 814 | 171 |
| 098 | 541 | 308 | 202 | 815 | 174 |
| 099 | 542 | 385 | 204 | 817 | 175 |
| 100 | 623 | 142244 | 206 | 818 | 513 |
| 101 | 134164 | 979 | 207 | 819 | 514 |
| 102 | 814 | 143630 | 209 | 820 | 516 |
| 106 | 135727 | 645 | 210 | 821 | 696 |
| 109 | 728 | 741 | 212 | 822 | 972 |
| 112 | 729 | 742 | 874 | 823 | 154212 |
| 113 | 730 | 743 | 875 | 824 | 215 |
| 114 | 731 | 877 | 876 | 826 | 300 |
| 115 | 136589 | 878 | 877 | 829 | 353 |
| 116 | 590 | 882 | 878 | 831 | 354 |
| 118 | 591 | 883 | 880 | 832 | 355 |
| 120 | 592 | 884 | 147841 | 833 | 356 |
| 121 | 137928 | 885 | 148240 | 834 | 357 |
| 188 | 140063 | 886 | 405 | 839 | 358 |
| 270 | 064 | 144713 | 406 | 841 | 457 |
| 279 | 065 | 716 | 407 | 842 | 850 |
| 280 | 068 | 759 | 412 | 153076 | 851 |
| 350 | 069 | 760 | 561 | 147 | 852 |
| 658 | 070 | 761 | 638 | 148 | 912 |
| 701 | 072 | 762 | 963 | 149 | 913 |
| 705 | 250 | 763 | 149524 | 150 | 916 |
| 706 | 344 | 765 | 525 | 151 | 917 |
| 131164 | 346 | 767 | 922 | 152 | 155590 |
| 208 | 347 | 769 | 924 | 153 | 661 |

| NUMÉROS. | NUMÉROS. | NUMÉROS. | NUMÉROS. | NUMÉROS. | NUMÉROS. |
|---|---|---|---|---|---|
| 156094 | 157119 | 159927 | 160298 | 160787 | 160940 |
| 095 | 158282 | 928 | 438 | 911 | 941 |
| 099 | 283 | 929 | 519 | 912 | 970 |
| 101 | 284 | 930 | 520 | 914 | 161084 |
| 103 | 289 | 932 | 648 | 915 | 494 |
| 464 | 290 | 933 | 770 | 918 | 514 |
| 466 | 292 | 934 | 772 | 935 | 515 |
| 469 | 159923 | 935 | 773 | 936 | 516 |
| 470 | 924 | 936 | 775 | 937 | 517 |
| 472 | 925 | 937 | 784 | 938 | 518 |
| 157077 | 926 | 938 | 786 | 939 | 895 |

Total 1614 Rentes.

*Fait et arrêté en conformité du Procès-Verbal du Tirage des 28 et 29 juin.*

*Paris, le 3 juillet 1850.*

Le Directeur des Tontines,

A. DUMONT.

# TABLEAU DU MOUVEMENT DES ACTIONS DE LA TONTINE D'ÉPARGNES,

Dressé en vertu du Décret du 1ᵉʳ Avril 1809.

## Classe des Vieillards.

| | PREMIÈRE SOCIÉTÉ | | | | SECONDE SOCIÉTÉ | | | |
|---|---|---|---|---|---|---|---|---|
| VIEILLARDS { 1ʳᵉ Société : Les Actions sont au nombre de...... 53,460 } { 2ᵉ Société : Les Actions sont au nombre de....... 39,837 } Ensemble 93,354 Actions assises sur 10,400 Têtes. | ACTIONS en activité. | ACTIONS en déchéance. | ACTIONS constatées décédées. | TOTAUX. | ACTIONS en activité. | ACTIONS en déchéance. | ACTIONS constatées décédées. | TOTAUX. |
| À l'ouverture de l'Exercice 1849, ces actions étaient ainsi réparties................................................................. | 10 | 6 | 53,444 | 53,460 | 12 | 590 | 39,292 | 39,894 |
| 1ʳᵉ Société : 10 Actions devenues vacantes comme reposant sur 1 Tête dont le décès a été constaté .............................. | 10 | » | 10 | | » | » | » | |
| 2ᵉ Société : pas de réversion sur les actions en activité ................................................................. | | | | | » | » | » | |
| D'où résulte l'extinction des Actions en activité de la première Société .......... | » | 6 | 53,454 | | » | 390 | 39,292 | |
| Il faut aussi retirer de la masse des Actions en distribution, et reporter aux Actions décédées 396 Actions dont le décès a été constaté dans le courant de cet Exercice ................................................................. | » | 6 | 6 | | » | 390 | 390 | |
| POSITION à l'ouverture de l'Exercice 1850.................... | » | » | 53,460 | 53,460 | 12 | » | 39,882 | 39,894 |

NOTA. Dans la 1ʳᵉ Société : toutes les Actions sont éteintes.
Dans la 2ᵉ Société : les Actions en jouissance du maximum de 3,000 fr. sont au nombre 12, assises sur 1 Tête.

## Classe des Jeunes.

| | PREMIÈRE SOCIÉTÉ | | | | | | SECONDE SOCIÉTÉ | | | | | |
|---|---|---|---|---|---|---|---|---|---|---|---|---|
| JEUNES { 1ʳᵉ Société : Les Actions sont au nombre de 384,053 } { 2ᵉ Société : Les Actions sont au nombre de 162,215 } Ensemble 546,268 Actions assises sur 106,003 Têtes. | ACTIONS EN ACTIVITÉ — portant rentes | ACTIONS EN ACTIVITÉ — expectantes | ACTIONS EN ACTIVITÉ — Totaux | ACTIONS en déchéance | ACTIONS constatées décédées | TOTAL général | ACTIONS EN ACTIVITÉ — portant rentes | ACTIONS EN ACTIVITÉ — expectantes | ACTIONS EN ACTIVITÉ — Totaux | ACTIONS en déchéance | ACTIONS constatées décédées | TOTAL général |
| À l'ouverture de l'Exercice 1849, ces actions étaient ainsi réparties................... | 50,351 | 24,685 | 75,036 | 109,504 | 173,513 | 384,053 | 21,639 | 9,609 | 31,248 | 44,645 | 86,322 | 162,215 |
| Les décès constatés pendant cet Exercice, pour les deux Sociétés, portent sur 7,263 Actions en activité ; il faut conséquemment distraire ces décès des Actions en activité, et les reporter aux Actions décédées.......... | 3,406 | 1,607 | 5,013 | » | 5,013 | | 1,614 | 636 | 2,250 | » | 2,250 | |
| Les décès constatés cette année portent aussi sur 3,281 Actions tombées en déchéance dans les Exercices antérieurs. Il convient donc de les retirer des Actions en déchéance et de les reporter aux Actions décédées........... | » | » | » | 2,347 | 2,347 | | » | » | » | 935 | 935 | |
| Les Actions qui ont encouru la déchéance, faute de justification d'existence pendant cet Exercice, sont au nombre de 1,653 lesquelles doivent être retirées des actions en activité et reportées aux actions en déchéance.......... | 46,945 | 23,078 | 70,023 | 107,157 | 206,873 | | 20,025 | 8,973 | 28,998 | 43,711 | 89,506 | |
| | 865 | 370 | 1,235 | 1,235 | | | 288 | 130 | 418 | 418 | | |
| Sur les Actions en déchéance, à déduire 1,194 Actions qui ont été remises en activité vu l'existence justifiée des Têtes sur lesquelles ces Actions reposent, et reporter ce nombre aux actions en activité........... | 46,080 | 22,708 | 68,788 | 108,392 | | | 19,737 | 8,843 | 28,580 | 44,129 | | |
| | 211 | 653 | 864 | 864 | | | 66 | 264 | 330 | 330 | | |
| La POSITION avant le tirage de 1850 sera donc de.......... | 46,291 | 23,361 | 69,652 | 107,528 | | | 19,803 | 9,107 | 28,910 | 43,799 | | |

### Effets du Tirage de 1850.

Les rentes vacantes par décès constatés et les déchéances sont au nombre de .................... 6,173
Il en a été rétabli 277 qui sont appelées de droit à prendre la place des premières rentes vacantes ..... 277

Ou aura donc à remplacer au prochain tirage.................... 5,896 rentes.

En conséquence le tirage se composera 1° de ces 5896 rentes vacantes .................... 5,896
2° De 463 rentes nouvelles résultant de l'emploi des bonifications après l'exercice 1849.......... 463
3° Et de 1,812 rentes nouvelles provenant de la réversion de la première société Vieillards........... 1,812

En tout 8,171 Lots ou Rentes qui doivent être reportés des Actions expectantes aux Actions entrées, ci ........ 8,171 | 6,185 | 6,185 | | | 1,986 | 1,986 |

La POSITION effective à l'ouverture des payements des arrérages de 1850, sera de .......... 52,476 | 17,176 | 69,652 | 107,528 | 206,873 | 384,053 | 21,789 | 7,121 | 28,910 | 43,799 | 89,506 | 162,215 |

## Répartition des Lots au Tirage de 1850, Actions qui doivent y concourir.

| SOCIÉTÉS | RENTES VACANTES | | | RENTES RÉTABLIES à déduire des rentes vacantes. | LOTS A RÉPARTIR | | | | ACTIONS qui doivent y prendre part |
|---|---|---|---|---|---|---|---|---|---|
| | rentes | rentes expectantes | Totaux | | rentes des têtes vacantes | rentes provenant des fonds de bonification | rentes provenant de la réversion des Vieillards | Totaux | |
| Première...... | 3,406 | 865 | 4,271 | 211 | 4,060 | 313 | 1,812 | 6,185 | 23,361 |
| Deuxième..... | 1,614 | 288 | 1,902 | 66 | 1,836 | 150 | » | 1,986 | 9,107 |
| | 5,020 | 1,153 | 6,173 | 277 | 5,896 | 463 | 1,812 | 8,171 | 32,468 |

## Récapitulation des Têtes et des Actions des Classes jeunes.

| CLASSIFICATION des ACTIONS. | 1ʳᵉ SOCIÉTÉ | | 2ᵉ SOCIÉTÉ | | TOTAUX. | |
|---|---|---|---|---|---|---|
| | TÊTES. | ACTIONS. | TÊTES. | ACTIONS. | TÊTES. | ACTIONS. |
| Actions en activité.......................... | 10,016 | 69,652 | 5,238 | 28,910 | 15,254 | 98,562 |
| Actions en déchéance......................... | 39,251 | 107,528 | 15,748 | 43,799 | 54,999 | 151,327 |
| Actions décédées............................. | 26,038 | 206,873 | 10,712 | 89,506 | 36,750 | 296,379 |
| | 75,305 | 384,053 | 30,698 | 162,215 | 106,003 | 546,268 |

Paris, ce 15 Mai 1850.

Le Directeur des Tontines.

**A. DUMONT.**

Par l'Administration,
Le Secrétaire des Tontines,
**ROUILLET.**



Approuvé par les Membres du Conseil municipal, Administrateurs des Tontines,
**E. J. THAYER, DUPÉRIER, RAMOND DE LA CROISETTE.**